Hannah von Grönheim | Christa Paulini |
Gadir Choumar | Jelena Seeberg

Arbeiten mit unbegleiteten und begleiteten jungen Geflüchteten

Hannah von Grönheim | Christa Paulini |
Gadir Choumar | Jelena Seeberg

Arbeiten mit unbegleiteten und begleiteten jungen Geflüchteten

Ein Methodenbuch

Mit Online-Materialien

Dieses Buch ist erhältlich als:
ISBN 978-3-7799-6628-9 Print
ISBN 978-3-7799-6629-6 E-Book (PDF)

1. Auflage 2021

in der Verlagsgruppe Beltz · Weinheim Basel
Werderstraße 10, 69469 Weinheim

Herstellung und Satz: Ulrike Poppel
Grafikdesign: Farina Lichtenstein
Druck und Bindung: Beltz Grafische Betriebe, Bad Langensalza
Printed in Germany

Weitere Informationen zu unseren Autor_innen und Titeln finden Sie unter: www.beltz.de

Inhalt

Einführung

Das vorliegende Methodenbuch ist im Rahmen des Projektes ‚JuFlu – Übergänge im Leben junger Geflüchteter' entstanden und richtet sich an Fachkräfte und Ehrenamtliche in der Arbeit mit jungen begleiteten und unbegleiteten geflüchteten Menschen. Das Ziel des Forschungsprojektes bestand in der Erarbeitung von Handlungsmaximen für die Praxis hinsichtlich der gelingenden Unterstützung bei Übergangsprozessen im Leben junger Geflüchteter. Dieses Methodenbuch fasst einen Teil der Ergebnisse zusammen und stellt eine praktische Handreichung für die Begleitung von konkreten, ausgewählten Übergangsphasen dar.

Die Ergebnisse der Studie basieren auf Gruppen- und Einzelinterviews mit jungen Geflüchteten sowie Expert*innen aus der Sozialen Arbeit. Die Perspektive der Jugendlichen stand im Rahmen der Erhebungen im Mittelpunkt. Diese Herangehensweise ermöglichte die Definition von prägenden Übergängen durch die Jugendlichen selbst und lieferte Erkenntnisse zu spezifischen Bewältigungsstrategien. Zudem konnten Faktoren bestimmt werden, die Übergänge eher erleichtern, und Umstände identifiziert werden, die Übergänge für junge geflüchtete Menschen erschweren.

Anhand der Interviews wurden drei wesentliche Transitionsbereiche für geflüchtete Jugendliche in Deutschland ermittelt: Zum einen Prozesse sozialer Übergänge. Dazu gehören unter anderem der Aufbau neuer sozialer Kontakte, das Zurechtfinden in einer neuen Gesellschaft mit teilweise fremden Umgangs- und Verhaltensweisen sowie der Aufbau einer Alltagsstruktur inklusive Hobbys und regelmäßigem sozialem Austausch. Zum anderen beschrieben die Jugendlichen Entwicklungen im Bereich des identitätsbezogenen Überganges, zu denen hauptsächlich Abgrenzungs- und Anpassungsdynamiken sowie Aushandlungsprozesse im Spannungsfeld zwischen Selbst- und Fremdbestimmung gehören. Darüber hinaus werden zahlreiche strukturelle Übergänge durchlaufen. Dazu zählen unter anderem Bildungsübergänge, Übergänge in der Wohnsituation sowie Transitionsprozesse im Bereich des Aufenthaltsstatus.

Junge begleitete und unbegleitete Geflüchtete bringen bereits eine Vielzahl an Ressourcen und Strategien zur Bewältigung dieser Übergangsprozesse mit. In der Arbeit mit geflüchteten Jugendlichen ist es daher entscheidend, ebendiese vorhandenen Ressourcen aufzugreifen, zu stärken und auszubauen. Zudem konnten im Rahmen des Forschungsprojektes weitere Aspekte identifiziert werden, die Übergangsprozesse positiv beeinflussen können. In diesem Methodenbuch werden diese Themen aufgegriffen und für die Praxis anwendbar gemacht. Fachkräften werden in den drei Bereichen Wissen, Können und Haltung Ideen für die gelingende Unterstützung junger geflüchteter Menschen an die Hand gegeben. Die Themen sind in drei Blöcke eingeteilt: Biografiearbeit (I.), Bewältigungsstrategien (II.) und Bewusstsein und Reflexion (III.).

Kapiteleinführungen zu den Themen beinhalten jeweils allgemeine Informationen sowie eine Übersicht zu den einzelnen Aspekten. Insgesamt wird in diesem Methodenbuch auf 18 Teilaspekte in der Arbeit mit jungen geflüchteten Menschen eingegangen, die dazu beitragen können, Übergänge zu erleichtern und die Jugendlichen zu stärken. Für jeden Aspekt stehen vier Kategorien zur Verfügung: Zum einen Information (A), diese Kategorie enthält Wissen zu der Thematik, dann Aktion (B), in dieser Kategorie finden sich Anregungen für die praktische Umsetzung des Themas (Können), dann Reflexion (C) zur haltungsbildenden, selbstreflexiven Auseinandersetzung für die Fachkräfte und abschließend Partizipation (D), hier finden sich Anregungen für die Gesprächsführung mit jungen Geflüchteten. Bei den praktischen Übungen in den Teilen zur Aktion (B) befinden sich anwendungsorientierte Übungen, die unter anderem mit Kopiervorlagen ausgestattet sind. Diese Vorlagen sind farbig in DIN-A4 als Online-Materialien mit dem im Umschlag des Buches abgedruckten Code elektronisch abrufbar.

I. Biografiearbeit

Im folgenden Themenblock werden Methoden und Anregungen zu den Aspekten Biografie, Identität, Perspektiven, Rassismuserfahrungen und Eltern vorgestellt. Die Auswertung der Interviews im Projekt JuFlu hat ergeben, dass junge geflüchtete Menschen neben entwicklungsspezifischen Aufgaben mit zahlreichen weiteren *Herausforderungen* konfrontiert werden. Nach ihrer Ankunft in Deutschland müssen sie sich in einer fremden Umgebung mit Fragen der Identität und ihres weiteren Werdeganges auseinandersetzen und finden sich dabei in einem System wieder, in dem viele ihrer Entscheidungen von anderen Menschen mit- oder sogar vollständig fremdbestimmt werden. Um Gefühlen der Ohnmacht (bspw. durch das Asylverfahren) entgegenzuwirken, bedarf es einer empowernden und ressourcenorientierten Unterstützung durch die Fachkräfte.

Zudem bringen die Jugendlichen bereits eine Reihe an Erfahrungen und die Erinnerung an einschneidende und zum Teil traumatische Er-

lebnisse mit, die ihre Persönlichkeiten und Entscheidungsprozesse prägen, die in der alltäglichen Arbeit mit jungen Geflüchteten aber untergehen können, wenn sie nicht gezielt aufgegriffen werden. Insbesondere der Aufbau von Zukunftsperspektiven und die Begleitung und Unterstützung bei der Zielerreichung spielen eine zentrale Rolle für die Jugendlichen, da Selbstwirksamkeitserfahrungen und klare Zukunftsvorstellungen als Motivatoren fungieren und somit eine Ressource für die Bewältigung weiterer Übergänge darstellen können.
Dieser Themenblock soll den Fokus auf die Identitätsarbeit der jungen Geflüchteten richten und aufzeigen, welche Faktoren ihre Entscheidungen in Deutschland beeinflussen. Zudem soll er Fachkräfte dabei unterstützen, im Rahmen einer partizipativen Auseinandersetzung einen Einblick in die individuellen Lebenssituationen der Jugendlichen zu bekommen.

1. Biografie: Wo kommst du her, wo stehst du?

Information

Unter Biografiearbeit wird ein methodischer Ansatz verstanden, bei dem eine reflexive Auseinandersetzung mit Vergangenheit, Gegenwart und Zukunft erfolgt. Neben der Aufarbeitung bereits geschehener Ereignisse und deren Auswirkungen auf den individuellen Lebensweg und die Persönlichkeit, bilden auch Lebensbewältigung und Lebensplanung Kernaspekte der Biografiearbeit. (vgl. Klingenberger 2020: 13 ff.) Für junge geflüchtete Menschen stellt die Flucht einen Bruch mit der vertrauten Lebensweise dar, mit dem sie in der Vergangenheit umgehen mussten bzw. weiterhin umgehen müssen (vgl. Jansen, Zander 2019: 65). Zudem stehen die Jugendlichen vor der Bewältigung einer in der Regel risikobehafteten Gegenwart und dem Umgang mit einer unsicheren Zukunftsperspektive (vgl. Sleijpen et al. 2013).

Eine ressourcenorientierte biografische Auseinandersetzung (Was habe ich bisher geschafft? Was hat mir geholfen Herausforderungen zu bewältigen? Wo will ich hin?) kann zum einen hilfreich sein, um Herausforderungen und Bewältigungsmuster zu identifizieren und Strategien für bevorstehende Übergänge zu entwickeln. Zum anderen sensibilisiert die biografische Auseinandersetzung die Fachkräfte für die Lebenssituation der Jugendlichen. (vgl. Jansen, Zander 2019)

Biografiearbeit kann dazu beitragen, junge geflüchtete Menschen in ihrer Identitätsentwicklung, ihrem Selbstbewusstsein und ihrer Selbstwirksamkeit zu stärken. Zudem bietet sie die Möglichkeit, sich über bestimmte belastende Lebenssituationen auszudrücken und sich zu entlasten. Grundlage bildet dabei die Wahrnehmung sowie die Wertschätzung der mitgebrachten Lebenserfahrungen.

Im Rahmen von angeleiteten Gesprächen und kreativen Methoden bekommen die Jugendlichen die Gelegenheit, ihre Lebensgeschichte und damit verknüpfte Emotionen in einem geschützten Rahmen offenzulegen und so den persönlichen Umgang mit Herausforderungen und mitgebrachte Ressourcen zu identifizieren. Eine offene, respektvolle und neugierige Haltung seitens der Fachkräfte sowie eine vertrauensvolle Atmosphäre bilden dabei Grundvoraussetzungen für die Biografiearbeit. (vgl. Wiesinger 2018: 435)

Aktion

Übung: Meine Lebensgeschichte

Eine Methode der Biografiearbeit ist die Visualisierung der eigenen Lebensgeschichte. Die Jugendlichen bekommen die Möglichkeit, Schaubilder zu erstellen, in denen besonders prägende Erlebnisse veranschaulicht werden. Die Gedanken werden dabei anhand von Zeichnungen, Texten und Symbolen verdeutlicht.
Im Anschluss können diese Schaubilder als Anregung für ein Gespräch genutzt werden.
Junge geflüchtete Menschen können auf diese Weise eine Lebensreise machen, in der sie bezugnehmend auf ihre Vergangenheit, Gegenwart und Zukunft Herausforderungen und persönliche Bewältigungsstrategien identifizieren und auf Basis dieser Erkenntnisse Handlungsmöglichkeiten für kommende Übergänge entwickeln.

Materialien: Pinnwandvorlage und Symbole (siehe Online-Materialien), Klebepunkte zur Befestigung, Stifte

Arbeitsauftrag: *Erstelle ein Bild über große Veränderungen in deinem Leben.*

Welche Veränderungen (positive und negative) sind dir besonders im Kopf geblieben?
Wer hat dich in dieser Zeit unterstützt?
Was hat dir bei diesen Übergängen geholfen?

Beispiel:

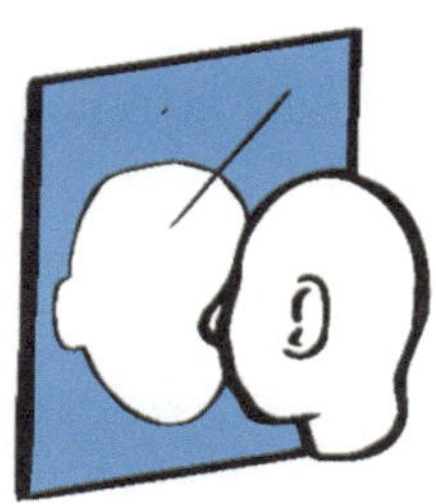

Reflexion

Die Auseinandersetzung mit der Lebensgeschichte der Jugendlichen im Rahmen der Biografiearbeit kann dazu beitragen, Fachkräfte für die Lebensrealität und Lebenssituation junger geflüchteter Menschen zu sensibilisieren. Im Alltag können Fragen zur Selbstreflexion diesen Prozess unterstützen.

- Inwieweit beziehe ich die Biografie (Vergangenheit, Gegenwart und Zukunft) der Jugendlichen in meine Arbeit mit ein?
- Welche Aspekte der Lebensgeschichte der Jugendlichen sind besonders präsent?
- Inwieweit bringen die Jugendlichen ihre Biografie in den Alltag mit ein?
- Welche Aspekte der Biografie kann ich in der Arbeit nutzen?
- Wie nehmen die Jugendlichen das Verhältnis zwischen Vergangenheit, Gegenwart und Zukunft wahr?
- Welche Erfahrungen bringen die Jugendlichen mit, welche Auswirkungen haben diese Erfahrungen auf den Arbeitsalltag?

Hinweis: In den Onlinematerialien findet sich ein Notizzettel mit Platz für Ihre Ideen und Gedanken

Partizipation

Die Biografiearbeit lebt von offenen und vertrauensvollen Gesprächen über Vergangenheit, Gegenwart und Zukunft. Folgende Fragen geben eine Orientierung für die Auseinandersetzung mit den Lebensphasen der Jugendlichen in der Arbeit:

- Wo kommst du her?
- Wo stehst du?
- Wo willst du hin?
- Was hast du bereits erreicht?
- Was möchtest du in der Zukunft erreichen?
- Wie kannst du deine Erfahrungen nutzen, um kommende Herausforderungen zu bewältigen?

2. Identität: Wer bist du?

Information

Die Adoleszenz bildet die zentrale Phase der Identitätsbildung, in der sowohl biologische, als auch psychologische und soziologische Übergänge ihren Höhepunkt erfahren. Die Identität beschreibt das Selbstgefühl und das Selbstverständnis einer Person („Wer bin ich? Wer möchte ich sein?"). (vgl. Straub 2018: 175 f.)

Jugendliche stehen vor der Aufgabe, ein realistisches Selbst- und Weltbild und einen sinnhaften Lebensentwurf zu entwickeln. Darüber hinaus gestalten sie eigene Rollenbilder und ihr soziales Umfeld im Rahmen von Abgrenzungs- und Anpassungsdynamiken. (vgl. Wiesinger 2018: 427) Junge Geflüchtete sehen sich in ihrer Identitätsarbeit mit besonderen Herausforderungen konfrontiert. Zum einen erleben sie durch die Flucht einen Bruch in ihrer Biografie und ihrer Entwicklung, zum anderen stehen sie nach der Ankunft in Deutschland nicht nur vor der Bewältigung altersspezifischer Entwicklungsaufgaben, sie müssen sich darüber hinaus auch noch in einer neuen Umgebung zurechtfinden, in der sie mit Gefühlen der Fremde und Ohnmacht (bspw. im Asylverfahren) konfrontiert werden und das zumeist ohne die vollumfängliche Unterstützung ihrer Familie. (vgl. Wieland 2019: 187) Sie bewegen sich ständig im Spannungsfeld zwischen Selbst- und Fremdbestimmung und Erwartungen der alten und der neuen Welt (vgl. Wiesinger 2018: 426).

Auf der einen Seite sollen sie in altersuntypischem Maße Entscheidungen treffen und Verantwortung übernehmen (Beispiel Parentifizierung bei begleiteten Jugendlichen). Auf der anderen Seite wird ihre Identität strukturell und gesellschaftlich fremdbestimmt, beispielsweise indem ihre Fähigkeiten in Frage gestellt werden oder indem ihre Lebens-

planung von anderen oder von Strukturen wie Gesetzen (mit-)bestimmt wird (Beispiel Ausbildungsdruck).
Darüber hinaus müssen junge Geflüchtete sich im Rahmen von Abgrenzungs- und Anpassungsprozessen mit der Frage auseinandersetzen, welche alten und neuen Werte, bzw. welche alten und neuen Ziele sie beibehalten, verwerfen oder sich aneignen möchten. Die Ausgestaltung einer hybriden Identität stellt eine enorme Herausforderung dar und ist immer auch mit der Angst vor Ablehnung von Seiten der Community aus dem Herkunftsland oder von Seiten der Community aus dem Aufnahmeland verbunden. (vgl. von Grönheim et al. 2021; vgl. Foroutan 2013: 85 ff.)
In der Arbeit mit jungen geflüchteten Menschen ist es daher unerlässlich, Räume für die Identitätsarbeit und die selbstbestimmte Definition der eigenen Identität zu schaffen, um ihr Selbstverständnis und damit ihre Handlungsfähigkeit zu stärken.

Aktion

Übung: Selbstportrait – „Wer bin ich?"

Die Jugendlichen erstellen im Dialog mit der Fachkraft ein Selbstportrait und halten fest, was sie ausmacht, was ihre Ziele sind und wer ihnen wichtig ist.
In der praktischen Arbeit kann diese Übung dabei helfen, Raum für die selbstreflexive Identitätsarbeit zu schaffen und bietet Anknüpfungspunkte für die individuelle Definition der Ich-Identität, sprich der Gesamtstruktur der Motive und Kompetenzen und der sozialen Identität, also den Vorstellungen, die die Jugendlichen von den Erwartungen ihrer Mitmenschen haben.
Das Selbstportrait kann dabei helfen, die Frage „Wer bin ich?" von struktureller Selbst- und Fremdbestimmung abzukoppeln und stellt die individuellen Motive und Wünsche der Jugendlichen in den Vordergrund.

Hinweis: Eine Vorlage zum Selbstportrait findet sich in den Online-Materialien.

Mein größter Wunsch:

Das kann ich gut (Fähigkeiten):

Das zeichnet mich aus (Eigenschaften):

Das mache ich gerne:

Diese Menschen sind mir wichtig:

Das mache ich ungern:

Das ist meine Familie:

Das will ich noch lernen / schaffen / erreichen:

Reflexion

Die Auseinandersetzung mit der Identität der Jugendlichen bildet die Basis für individuelle Unterstützungsangebote und hilft, pauschalisierende Handlungsmuster in der Praxis aufzudecken und aufzubrechen. Darüber hinaus kann die Reflexion der Identitätsarbeit der Jugendlichen sowie der eigenen Identitätsarbeit dazu beitragen, Prozesse struktureller Fremdbestimmung und daraus resultierender Handlungsmuster zu hinterfragen.

Folgende Fragen können den Einstieg in die Auseinandersetzung mit dem Thema Identität in der Praxis erleichtern:

- Wie beschreibe ich die Jugendlichen, mit denen ich arbeite?
- Welche Attribute wählen die Jugendlichen für ihre Selbstbeschreibung?
- Was unterscheidet meine Beschreibung der Jugendlichen von ihrer Selbstbeschreibung?
- Welche Erwartungen habe ich an die Jugendlichen?
- Welche strukturellen und gesellschaftlichen Erwartungen werden an die Jugendlichen gestellt?
- Welche Erwartungen haben die Jugendlichen an sich selbst?
- Inwieweit fließen strukturelle und gesellschaftliche Anpassungserwartungen in meine Erwartungshaltung an die Jugendlichen mit ein?
- Inwiefern spiegeln sich Anpassungserwartungen in meiner Arbeit wider? Wie gehe ich mit dem Spannungsfeld zwischen Selbst- und Fremdbestimmung, zwischen Freiraum und richtungsgebenden Interventionen in der Arbeit mit jungen Geflüchteten um?

Partizipation

Wenn Diskrepanzen zwischen den eigenen Motiven und den sozialen sowie strukturellen Anforderungen entstehen, kann dies zu Identitätskonflikten führen. Unerfüllte Erwartungen und Wünsche lassen junge Geflüchtete an ihrer Selbstwirksamkeit zweifeln (vgl. Wieland 2019: 182). Um dem entgegen zu wirken, sollten den Jugendlichen in der Praxis durch gelebte Aufklärung und Partizipation Ausdrucksmöglichkeiten geboten werden, um sie in ihrer Identitätsentwicklung und in ihrem Selbstbewusstsein zu stärken.
Junge Geflüchtete möchten als Individuen wahrgenommen und ernst genommen werden.

- Wer bist du?/Was macht dich aus?
- Was macht dich stark?
- Wo fühlst du dich fremdbestimmt/zu etwas gedrängt?
- Wo fühlst du dich allein gelassen?
- An welcher Stelle wünschst du dir mehr Freiraum?
- In welchen Bereichen wünschst du dir mehr Unterstützung?
- Was denkst du, was andere von dir erwarten?
- Was erwartest du selbst von dir?
- Du bist einzigartig und du bist gut so wie du bist!

3. Perspektiven: Wo willst du hin?

Information

Die Auseinandersetzung mit Perspektiven und Zielen spielt für junge Geflüchtete eine zentrale Rolle. Die eigenen Wünsche und Ziele sowie die ihrer Familien passen nicht immer mit den Rahmenbedingungen des deutschen Asylsystems überein. Es ergibt sich ein Spannungsfeld. Auf der einen Seite müssen junge Geflüchtete verantwortungsvolle Entscheidungen bezüglich ihrer Lebensplanung treffen, mit denen ihre Altersgenossen sich in dieser Form nicht auseinandersetzen müssen. Gleichzeitig sind sie Jugendliche und durchleben die gleichen entwicklungspsychologischen Phasen. Auf der anderen Seite sind freie Entscheidungen zum Bildungs- und Berufsweg oder im Sich-Ausprobieren durch Faktoren wie den Aufenthaltsstatus, die Anforderungen im Bildungssystem, Altersbeschränkungen und Erwartungen des Umfeldes stark eingeschränkt. (vgl. von Grönheim et al. 2021) Alleine der Umstand eines unsicheren Aufenthaltstitels wirkt sich auf alle Lebensbereiche aus, da die Drohung, jederzeit in das Herkunftsland zurückkehren zu müssen wie ein Damoklesschwert über den Betroffenen schwebt. Zudem verunmöglicht ein unsicherer Aufenthaltstitel das Einschlagen bestimmter Bildungs- und Berufswege.
Perspektivlosigkeit und Situationen der Ohnmacht tragen dazu bei, dass junge geflüchtete Menschen sich nicht mehr als Gestalter*innen ihrer Lebenswelt wahrnehmen und resignieren. Daher sollte die Definition von Zielen sowie die gemeinsame Auseinandersetzung mit potenziellen Wegen zur Zielerreichung fester Bestandteil in der Arbeit mit jungen geflüchteten Menschen sein, denn Perspektiven und Ziele

können eine Kraftquelle für die Bewältigung zahlreicher weiterer Herausforderungen darstellen.
Die Auswertung der Interviews im Projekt JuFlu haben ergeben, dass konkrete Ziele und Perspektiven jungen geflüchteten Menschen Halt bieten und den souveränen Umgang mit erlebten Spannungsfeldern und widersprüchlichen Anforderungen erleichtern können. Zudem zeigen Jugendliche mit klaren Zielvorstellungen ein hohes Maß an Motivation und Einsatz. Für die Zielerreichung sind sie bereit, Herausforderungen anzunehmen und ihre Ressourcen im Sinne der Bewältigung zu erweitern.
Um Zukunftsperspektiven bilden zu können, bedarf es jedoch klarer und transparenter Strukturen zur Orientierung. Zu diesen Strukturen zählen unter anderem ein sicherer und möglichst langfristiger Wohnsitz, an dem sie sich zuhause fühlen, sowie feste Vertrauenspersonen. Bei unbegleiteten jungen Geflüchteten stellen zumeist Betreuer*innen oder Mitarbeitende des Jugendamtes derartige Bezugspersonen dar, bei begleiteten Jugendlichen wird diese Rolle eher von ehrenamtlichen Unterstützer*innen oder Lehrer*innen übernommen. (vgl. Lechner, Huber, Holthusen 2016: 18) Auch Peers können zentrale Vertrauenspersonen darstellen.

Aktion

Eine mögliche Methode für die Perspektiven- und Zielarbeit mit jungen Geflüchteten stellen Rollenspiele in der Gruppe dar.
Zunächst überlegen die Jugendlichen für sich, welche Ziele sie erreichen möchten und welche Hürden ihnen auf ihrem Weg dorthin begegnen könnten. Darüber hinaus sollten die Jugendlichen bedenken, welche Ressourcen, sowohl in Form von persönlichen Eigenschaften als auch in Form von Personen, sie bei der Zielerreichung unterstützen können. Ziele und Ressourcen sowie Hürden werden einzeln auf Zetteln notiert.
Anschließend stellt jede Person ihre Ideen einzeln vor. Die Spielerin oder der Spieler pinnt die Ziele an die gegenüberliegende Wand. Die Karten mit Hürden und Ressourcen werden an den Rest der Gruppe verteilt. Jede*r stellt nun eine*n Unterstützer*in, eine Hürde oder eine Eigenschaft dar und überlegt sich passende Sätze. Die „Hürden" positionieren sich an der Strecke zwischen Spieler*in und Ziel. Die „Ressourcen" sprechen der Person auf ihrem Weg dabei Mut zu und formulieren mit ihr gemeinsam entsprechende Antworten auf die Aussagen der „Hürden". Die überwundenen „Hürden" stellen sich an die Seite. Die „Ressourcen" begleiten die zu stärkende Person bis alle Hürden bewältigt und sie gemeinsam bei ihrem Ziel angekommen sind.

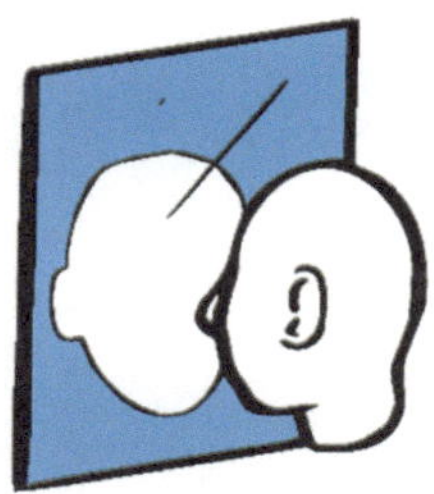

Reflexion

In der Perspektiven- und Zielarbeit ist es entscheidend, die eigenen Erwartungen an die Zukunftsentscheidungen der Jugendlichen sowie strukturelle und gesellschaftliche Einflussfaktoren zu reflektieren. Ein derartiger Prozess ist notwendig, um die Weitergabe von Anpassungsdruck zu verhindern und einen offenen Orientierungs- und Entscheidungsprozess zu ermöglichen, der Erwartungen und Rahmenbedingungen zwar mitdenkt, aber die Jugendlichen nicht lenkt.

Folgende Fragen können dabei unterstützen:

- Welche Ziele definieren die Jugendlichen für sich selbst?
- Für wie realistisch halte ich diese Ziele?
- Auf welchen Faktoren baue ich diese Einschätzung auf?
- Welche Erwartungen habe ich an die Jugendlichen? Mit Blick auf ihren Weg? Mit Blick auf das Thema „Integration"?
- Mit welchen gesellschaftlichen Erwartungen werden die Jugendlichen konfrontiert?
- Welche strukturellen Faktoren (Asylsystem, Rassismus etc.) haben Einfluss auf die Zielsetzung der Jugendlichen?
- Wo besteht ein Anpassungsdruck? Inwieweit gebe ich diesen über meine Arbeit an die Jugendlichen weiter?
- Wie kann ich junge Geflüchtete dabei unterstützen, ihre individuellen Ziele zu erreichen?

Partizipation

Junge Geflüchtete sollten die Möglichkeit bekommen, ihre Ziele selber zu definieren. Für konkrete Überlegungen in Bezug auf Möglichkeiten zur Zielerreichung bedarf es jedoch häufig einer intensiven Auseinandersetzung. Diese Auseinandersetzung kann in einem partizipativen Prozess im Rahmen eines Gespräches oder einer Übung in der Praxis stattfinden.

Hier ein paar Anregungen für eine gemeinsame Vertiefung:

- Wo willst du hin? Was sind deine Ziele im Leben?
- Teile deine Ziele in „große Ziele“ und „kleine Ziele“ auf. Manchmal muss man zunächst kleine Schritte gehen, um am Ende ein großes Ziel erreichen zu können.
- Was denkst du, welche Hürden könnten dir auf deinem Weg begegnen?
- Wer kann dich auf deinem Weg unterstützen?
- Welche Eigenschaften können dir helfen, um deine Ziele zu erreichen?
- Welche Fähigkeiten möchtest du noch erwerben, um ans Ziel zu kommen?
- Hast du das Gefühl, dass andere dich von deinem Weg abbringen wollen? Wenn ja, was denkst du: wer und warum?

4. Rassismuserfahrungen: Was hast du erlebt?

Information

Rassismus ist Ausdruck gesellschaftlicher Machtverhältnisse. Es erfolgt eine Unterscheidung zwischen Angehörigen der weiß-deutschen Dominanzgesellschaft und „der Anderen" auf Grundlage negativer Zuschreibungen, die an vermeintliche Zugehörigkeitsmerkmale wie das äußere Erscheinungsbild und die Sprache geknüpft werden. Rassismus hat somit auch eine hierarchisierende Funktion: Durch die Differenzierung im Rahmen von Prozessen des Othering und die damit verknüpfte verallgemeinerte Abwertung des „Anderen" werden die Privilegien weißer Deutscher legitimiert und aufrechterhalten. (vgl. Mecheril, Melter 2011)
Junge Geflüchtete berichten vielfach von Situationen, in denen sie als „anders" oder „fremd" kategorisiert und abgewertet wurden. Nach ihrer Ankunft in Deutschland machen sie zum ersten Mal die Erfahrung, als „nicht-zugehörig" eingeordnet und mit entsprechenden negativen Stereotypen konfrontiert zu werden. Die Auswirkungen derartiger diskriminierender Zuschreibungen reichen von abwertenden Unterstellungen („Du sprichst aber gut deutsch für einen Ausländer") bis hin zu Beleidigungen, Beschimpfungen und Gewalt. (vgl. von Grönheim et al. 2021)
Junge Geflüchtete machen in diversen Situationen Erfahrungen mit Rassismus. Sowohl im direkten Kontakt wie beispielsweise im Alltag, in der Schule, am Arbeitsplatz oder im Umgang mit Behörden, als auch strukturell in ihrer Rolle als Asylsuchende. (vgl. Hargasser 2016: 112; vgl. Gonzalez Mendez de Vigo, Karpenstein, Schmidt 2017: 14)
Rassismus wird in unserer Gesellschaft weithin tabuisiert. In der Arbeit mit jungen geflüchteten Menschen ist es daher von enormer Bedeutung, das Erleben von sowie den Umgang mit Rassismus der jungen Geflüchteten zu thematisieren und ihre Erfahrungen ernst zu nehmen.

Aktion

Rassismus- und weitere Diskriminierungserfahrungen sind individuell. Junge geflüchtete Menschen werden in derartigen Situationen mit Zuschreibungen konfrontiert, die Gefühle der Ohnmacht und der Hilflosigkeit hervorrufen können. Daher ist es entscheidend, dass die Auseinandersetzung mit diskriminierenden Erfahrungen persönlich und selbstbestimmt erfolgt.

Kreative Aktionen, in denen die Rassismuserfahrungen in Form von selbst verfassten Gedichten, Songs, Raps, selbst gemachten Fotos, Videos etc. aufgearbeitet werden, können ermächtigend wirken und bieten Potenziale für Selbstwirksamkeitserfahrungen, die den fremdbestimmten Zuschreibungen entgegenstehen. Ohnmachtsgefühle, die im Zusammenhang mit Diskriminierungserfahrungen entstehen, können so leichter überwunden werden.
Die Wahl der Ausdrucksform sollte dabei den Jugendlichen überlassen werden.
Je nach Kontext können die Ergebnisse beispielsweise im Rahmen einer Ausstellung präsentiert oder auf einer Veranstaltung vorgestellt werden.
Auf diese Weise soll den Jugendlichen Raum gegeben werden, sich individuell mit ihren Erfahrungen auseinanderzusetzen. Zudem können anhand der Gedichte, Fotos etc. Strategien im Umgang mit Rassismus- und Diskriminierungserfahrungen ausgetauscht werden.
Auch Sie als Fachkräfte erhalten über die Aktion einen vertieften Einblick in die Lebenswelt der Jugendlichen.

Reflexion

Im Rahmen der selbstreflexiven Auseinandersetzung sollten Fachkräfte prüfen, inwieweit diskriminierende und rassistische Zuschreibungen im Arbeitsalltag eine Rolle spielen:

- Welche diskriminierenden Zuschreibungen beobachte ich in meinem fachlichen Umfeld?
- Welche Zuschreibung habe ich vielleicht auch selbst verinnerlicht?
- Inwiefern gebe ich den Erfahrungen der Jugendlichen in meiner Arbeit Raum?
- Wie reagiere ich, wenn sich mir jemand anvertraut und von Rassismuserfahrungen berichtet?
- Wie gehen die Jugendlichen mit Rassismuserfahrungen um?
- Wie kann ich die Jugendlichen unterstützen?

Partizipation

Für den Austausch über Rassismuserfahrungen muss eine vertrauensvolle Atmosphäre geschaffen werden. Für die Jugendlichen muss klar sein, dass sie sich an die Fachkräfte wenden können, ohne dass ihre Erfahrungen relativiert werden.

> Um sich gemeinsam mit der Frage
> *„Was hast du erlebt?"*
> auseinandersetzen zu können, muss also zunächst die Frage
> *„Was brauchst du, damit du gut damit umgehen kannst?"*
> für ein Gespräch zu diesem Thema geklärt werden.

Wichtig ist, dass die Jugendlichen die Möglichkeit bekommen, Strategien und Umgangsweisen mit Rassismuserfahrungen auszuarbeiten, um das Gefühl der Ohnmacht und der Fremdbestimmung zu überwinden.

Bitte beachten Sie: Auch Wut und Ärger darüber, so behandelt worden zu sein, sind vollkommen legitime und wichtige Gefühle in diesem Zusammenhang.

5. Eltern: Welche Rolle spielen sie in deinem Leben?

Information

Aufgrund der räumlichen Abwesenheit der Eltern wird Elternarbeit bei unbegleiteten minderjährigen Geflüchteten im Jugendhilfesystem in der Regel ausgeklammert, obwohl Betreuer*innen in Wohngruppen indirekt mit den Erwartungen und Einflüssen der Eltern konfrontiert werden, da diese sich zumeist direkt auf die Stimmung, Wünsche und Entscheidungen der Jugendlichen auswirken (vgl. Breithecker 2018: 304).

Eltern (soweit vorhanden) müssen als präsenter (wenn auch räumlich getrennter) Teil der Lebenswelt unbegleiteter Jugendlicher anerkannt und dementsprechend in der Arbeit berücksichtigt oder mit einbezogen werden. Auch die Tatsache, dass Eltern nicht mehr leben bzw. getötet wurden hat maßgeblichen Einfluss auf die Situation der Jugendlichen. Fachkräfte sollten sich die Einflüsse und Aufträge der Familie bewusst machen und sich gemeinsam mit den Jugendlichen über deren Bedeutung für diese austauschen.

Die Jugendlichen erfahren durch den zumeist alltäglichen Kontakt zur Familie über digitale Medien einerseits emotionale Sicherheit, Orientierung und Unterstützung. Andererseits können konkrete Erwartungen und Aufträge seitens der Eltern einen enormen Druck erzeugen, der die Jugendlichen zwingt, ihre Entscheidungen und ihr Verhalten entsprechend anzupassen (vgl. Breithecker 2018: 306). Ziel der Elternarbeit ist es demnach, die individuelle Lebenssituation der Jugendlichen kennenzulernen, um ihre Bedürfnisse besser erfassen und sie eventuell entlasten zu können.

Bei begleiteten jungen Geflüchteten spielen die Erwartungen und Einflüsse der Eltern ebenfalls eine zentrale Rolle. Da die Jugendlichen zumeist schneller an Bildungs- und Hilfsangebote angebunden werden und dementsprechend in der Regel deutlich schneller die Sprache und den Umgang mit den Strukturen in Deutschland erlernen als ihre Eltern, besteht die Gefahr der Parentifizierung, sprich die Übernahme elterlicher Aufgaben durch die Jugendlichen z. B. bei Behörden durch Begleitung zu Terminen, Übersetzung von Gesprächen, Ausfüllen von Anträgen etc. Dies führt zu einer Überlastung im Rahmen der gefühlten und tatsächlichen Verantwortung bei den Jugendlichen und kann den Druck auf begleitete junge Menschen enorm erhöhen. Daher sollten die Eltern auch hier in den Unterstützungsprozess mit einbezogen werden. (vgl. von Grönheim et al. 2021, Paulus 2020)

Aktion

Um die familiären Beziehungen besser erfassen und Einflüsse und Erwartungen der Eltern gemeinsam mit den Jugendlichen aufschlüsseln zu können, kann es hilfreich sein, Dynamiken in der Eltern-Kind Konstellation mit Hilfe einer Aufstellung zu visualisieren. Zu beachten ist hier, dass für die Jugendlichen ein erweiterter Familienbegriff eine Rolle spielen kann, d. h. dass für sie weitere Personen zur Familie gehören als die Kernfamilie. Für Aufstellungen bietet sich die Verwendung von Figuren, Holztiere oder andere Gegenstände als Stellvertreter*innen an.

Folgende Fragen können als Impulse für eine Familienaufstellung dienen:

- Wer gehört zu deiner Familie?
- Wie nah stehen dir die Personen emotional?
- Und wie nah stehen dir die Personen räumlich?
- Welche Entfernung wünschst du dir zu den Personen (emotional und räumlich)?

Die Aufstellung kann einen Gesprächseinstieg darstellen und verdeutlichen, welche Rolle die Eltern bzw. die Familie im Leben der Jugendlichen spielen[1].

---

1 Weitere Informationen zum Thema Aufstellungsarbeit finden sich in Stadler, Christian; Kress, Bärbel (2020): Praxishandbuch Aufstellungsarbeit. Grundlagen, Methodik und Anwendungsgebiete

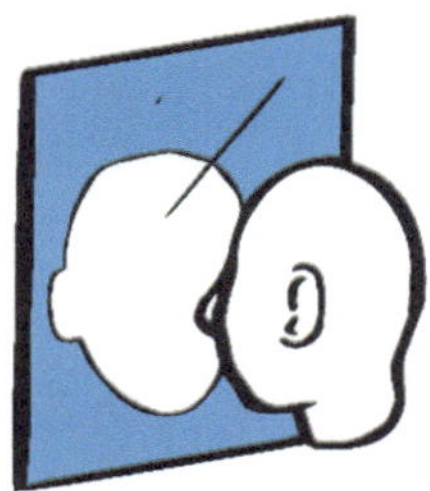

Reflexion

Die Familie kann für junge geflüchtete Menschen eine wichtige Ressource darstellen. Es ist daher wichtig, dass Fachkräfte sich mit ihren Einstellungen zu den Eltern auseinandersetzen.

Folgende Fragen können Anregungen für diese Auseinandersetzung sein:

- Welche Rolle spielen die Eltern meinem Empfinden nach im Leben der Jugendlichen?
- Welche Rolle spielen die Eltern der Jugendlichen in meinem Arbeitsalltag?
- Inwieweit beziehe ich die Eltern in meine Arbeit ein?
- Wie nehme ich die Eltern wahr? Als Ressource oder eher als Hindernis?
- Welche Möglichkeiten habe ich, um die Potenziale der Eltern-Kind-Beziehung zu stärken und für meine Arbeit zu nutzen?

Partizipation

Junge geflüchtete Menschen können ihre Eltern zum einen als empowernde Unterstützer*innen und Orientierungshilfe sowie als Verantwortungsträger*innen erleben, die ihre Kinder in der Selbstverwirklichung stärken. Zum andern können die Eltern bei Abwesenheit (räumlich und/oder emotional) auch als Richtungsgeber*innen fehlen und dementsprechend Gefühle der Orientierungslosigkeit bei den Jugendlichen verstärken.
Eltern – nah und fern – können jedoch über bestimmte Erwartungshaltungen auch Druck auf die Jugendlichen ausüben. Es kann beispielsweise zu Loyalitätskonflikten kommen, wenn junge Geflüchtete im Rahmen der hybriden Identitätsbildung und alterstypischen Ablösungsprozesse alte Werte mit neuen Werten verknüpfen und daraus Verhaltensweisen resultieren, mit denen die Eltern nicht einverstanden sind (z. B. Feiern gehen als Ausdruck der gewonnenen Freiheit). (vgl. von Grönheim et al. 2021)

In der gemeinsamen Auseinandersetzung mit den Jugendlichen sollte dann der eventuelle Loyalitätskonflikt geklärt und deutlich betont werden, dass sie ihre Eltern nicht verraten, bzw. dass diese sie nicht weniger liebhaben, wenn sie ihren eigenen Weg gehen und dass es in Ordnung ist, mehrere erwachsene Vertrauenspersonen zu haben.

Fachkräfte können zum einen das Thema Familie beispielsweise nach Telefonaten der Jugendlichen mit den Eltern aufgreifen, fragen, wie es der Familie geht, welche Wünsche und Erwartungen da sind und anschließend mit den Jugendlichen darüber sprechen, welche Gefühle das Telefonat bei ihnen ausgelöst hat. Des Weiteren kann über Dolmetscher*innen auch direkter Kontakt zu den Eltern aufgenommen werden, beispielsweise via Telefon oder Videotelefonie. (vgl. Breithecker 2018: 307) Fachkräfte sollten im Rahmen der Elternarbeit eine aufklärende und vermittelnde Position einnehmen.

Folgende Fragen können dabei helfen, gemeinsam mit den Jugendlichen die Rolle der Eltern zu identifizieren:

- Wie häufig hast du Kontakt zu deinen Eltern?
- Welche Themen besprichst du mit deinen Eltern?
- Welche Erwartungen haben deine Eltern an dich?
- Welche Erwartungen hast du an deine Eltern?
- In welchen Momenten geben dir deine Eltern Kraft?
- In welchen Momenten kosten dich deine Eltern Kraft?
- Wie hat sich die Beziehung zu deinen Eltern seit der Flucht/dem Ankommen in Deutschland verändert?
- Was wünschst du dir für die (zukünftige) Beziehung zu deinen Eltern?
- Deine Eltern sind ein wichtiger Teil deines Lebens. Ich würde sie gerne besser kennenlernen. Wärst du damit einverstanden, wenn ich mit ihnen sprechen würde?
- Wenn ich mit deinen Eltern sprechen würde, worüber sollten wir dann reden? Gibt es Dinge, von denen du nicht möchtest, dass ich mit deinen Eltern darüber spreche?

II. Bewältigungsstrategien

Der Umgang mit herausfordernden Ereignissen ist sehr individuell. Junge geflüchtete Menschen bringen bereits eine Vielzahl an Strategien zur Bewältigung von Übergängen mit. In dem folgenden Themenblock sollen die Aspekte Ressourcen, Aufklärung, Netzwerke, Anfänge, Widerstand, Hobbys und Abschalten näher beleuchtetet werden. Im Rahmen des Projektes haben sich diese Themen als zentrale Grundlagen für die Bewältigung von Übergängen abgezeichnet.

Um ihre Ressourcen bestmöglich nutzen und ausbauen zu können, müssen die Jugendlichen die Strukturen, in denen sie sich bewegen zunächst einmal verstehen. Aufklärung und Transparenz spielen dabei eine Schlüsselrolle. Nur wer seine Rechte kennt, kann sie auch einfordern. Auch Prozesse der Partizipation und der aktiven (Mit-)Gestaltung der Rahmenbedingungen sind nur dann möglich, wenn eine umfassende Kenntnis über die Strukturen besteht. Fachkräfte verfügen in der Regel über dieses Strukturwissen und können es im Rahmen einer gemeinsamen Auseinandersetzung an die Jugendlichen weitergeben. Die Basis für die Erarbeitung von Bewältigungsstrategien besteht somit auch im partizipativen Aufbau eines individuellen Unterstützungsnetzwerkes für junge geflüchtete Menschen.
Die hier aufgeführten Aspekte dienen dazu, Fachkräften Anregungen für die partizipative Auseinandersetzung und den Aufbau von vielfältigen und bedarfsgerechten Bewältigungsstrategien zu geben.

6. Ressourcen: Was gibt dir Kraft?

Information

Ressourcen sind „alle Mittel, Gegebenheiten oder Merkmale bzw. Eigenschaften, die Personen nutzen können, um alltägliche oder spezifische Lebensanforderungen und psychosoziale Entwicklungsaufgaben zu bewältigen, um Bedürfnisse, Wünsche und (Lebens-)Ziele zu verfolgen und zu erfüllen und um Gesundheit und Wohlbefinden zu erhalten bzw. wiederherzustellen" (Schubert 2018: 114). Ressourcen können im Rahmen von Übergängen als Bewältigungsstrategien dienen und spielen somit eine zentrale Rolle im Unterstützungsprozess.

Die Ressourcenarbeit kann sowohl Methoden zur Sichtbarmachung der Ressourcen der Jugendlichen (siehe Aktion) als auch Reflexionsmethoden zur Entwicklung einer ressourcenorientierten Haltung der Fachkräfte in der Arbeit mit jungen Geflüchteten umfassen (siehe Reflexion). Die Ergebnisse des Forschungsprojektes haben gezeigt, dass junge geflüchtete Menschen bereits eine Vielzahl an Ressourcen mitbringen bzw. entwickelt haben (bspw. Humor, Solidarität, die Fähigkeit sich abzugrenzen u. v. m.).

Fachkräfte haben die Möglichkeit, die Jugendlichen dabei zu unterstützen diese Ressourcen bewusst nutzbar zu machen, indem sie Eigenschaften, Fähigkeiten und Personen, die Ressourcen darstellen können, aktiv in die Arbeit mit einbeziehen (siehe Partizipation). Darüber hinaus können Jugendliche durch Räume der Partizipation gestärkt werden, hier können sie ihre Ressourcen aktiv einbringen und Selbstwirksamkeitserfahrungen machen.

Das Bewusstsein darüber, dass Ressourcen je nach Person und Situation vielfältig und individuell sein können, spielt eine entscheidende Rolle in der Ressourcenarbeit:
„Ressourcen sind Kraftquellen [...], aus denen man alles schöpfen kann, was man zur Gestaltung eines zufriedenstellenden, guten Lebens benötigt, was man sinnvollerweise braucht, um Probleme zu lösen oder mit Schwierigkeiten zurechtzukommen. Das können sehr verschiedenartige Bedingungen sein, denn jeder Mensch ist anders und jede Situation, jede Herausforderung und Lebensphase braucht andere Ressourcen" (Schiepek; Cremers 2003: 154 f.).

Aktion

Übung: Die Ressourcenwand

Gemeinsam mit den Jugendlichen werden die persönlichen Ressourcen herausgearbeitet und anhand von Smileys und Symbolen visualisiert:
Zum Beispiel das humorvolle Ich als lachender Smiley, das ehrgeizige oder fleißige Ich als Figur mit einem Buch, das sportliche Ich als Figur mit einem Fußball oder einem anderen Sportgerät.
Personen, wie beispielsweise bestimmte Freund*innen oder andere Unterstützungspersonen erhalten ebenfalls ein Symbol.

Alle finden Platz auf einem Bild, welches als persönliche „Ressourcenwand“ dient.
Bei schwierigen Situationen wird auf einem weiteren Blatt zunächst das zu bewältigende Problem skizziert. Anschließend werden von der Ressourcenwand die Bilder/Symbole/Ichs/Unterstützer*innen dazu geholt, die bei der Überwindung oder Lösung hilfreich sein könnten.

Hinweis: Die Materialien für die Übung (Pinnwandvorlage und Symbole) finden sich in den Onlinematerialien.

Beispielbild einer Ressourcenwand

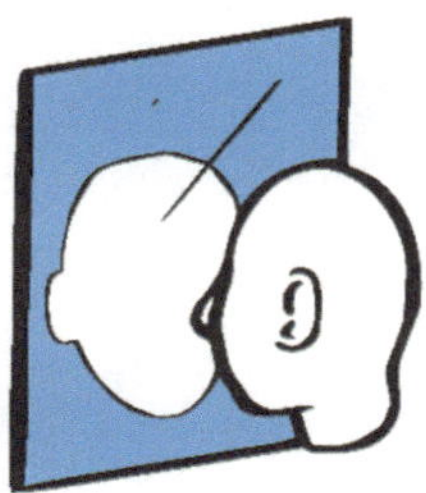

Reflexion

Ressourcenorientierung bezeichnet eine Haltung, die die Überzeugung vertritt, dass alle Menschen Ressourcen haben oder entwickeln können. Diese Ressourcen dienen etwa bei der Bewältigung von Herausforderungen. Eine ressourcenorientierte Arbeitsweise nimmt die Ressourcen der Adressat*innen in den Fokus und bindet sie aktiv ein (vgl. Schubert; Rohr Zwicker-Pelzer 2019: 133).
Auch in der Arbeit mit jungen Geflüchteten spielt Ressourcenorientierung eine zentrale Rolle:

- Welche Ressourcen erkenne ich bei den Jugendlichen?
- Wie nutzen die Jugendlichen ihre Ressourcen?
- Inwieweit greife ich die Ressourcen der Jugendlichen in meiner Arbeit auf?
- Wo sehe ich Defizite bei den Jugendlichen? Was macht diese Perspektive mit meiner Haltung ihnen gegenüber? D. h. wo fällt es mir schwer, Ressourcen der Jugendlichen zu erkennen? In welchen Situationen fällt mir eine ressourcenorientierte Betrachtungsweise leichter, an welchen Stellen falle ich eher in eine defizitorientierte Haltung?

Partizipation

Im Rahmen der Ressourcenaktivierung wird die Aufmerksamkeit gezielt auf die Ressourcen der Jugendlichen gelenkt. Sie dient der Förderung des vorhandenen Potenzials und der Aktivierung versteckter Stärken (vgl. Schubert; Rohr Zwicker-Pelzer 2019: 134).
Ressourcen können sowohl immateriell, beispielsweise wichtige Menschen in der sozialen Umgebung, persönliche Eigenschaften, Fähigkeiten, Kompetenzen, Hobbys, Überzeugungen, Glaube, Mitgliedschaft in Vereinen oder Gruppen, u. v. m. als auch materiell sein, beispielsweise ein Handy, Geld oder andere Dinge. Auch Erinnerungen und Erfahrungen aus der Vergangenheit sowie Hoffnungen und Ziele für die Zukunft können Ressourcen darstellen.

Folgende Fragen können bei der gemeinsamen Auseinandersetzung mit dem Thema eine Orientierung bieten:

- Was gibt dir Kraft?
- Welche Ziele konntest du bisher erreichen?
- Was hat dir geholfen, diese Ziele zu erreichen?
- Wer hat dir dabei geholfen, diese Ziele zu erreichen?
- Was hat dir in der Vergangenheit geholfen, schwierige Zeiten zu überstehen/Herausforderungen zu meistern?
- Worauf bist du stolz?
- Was sind deine Stärken?
- Was kannst du besonders gut?
- Was würdest du gerne können?
- Wo nutzt du deine Fähigkeiten bereits, wo könntest du sie noch einsetzen?

7. Aufklärung: Das sind deine Rechte!

Information

Nach ihrer Ankunft in Deutschland müssen sich junge Geflüchtete in einer ihnen völlig fremden Umgebung zurechtfinden. Eine besondere Herausforderung stellen dabei unbekannte Strukturen wie beispielsweise das Bildungssystem, das Aufenthaltsrecht und die Institution Jugendhilfe dar.

Zumeist werden die Jugendlichen mehr oder weniger automatisch an die Systeme angebunden, ohne zu wissen, wie genau diese funktionieren. Erst eine umfassende Aufklärung über die Strukturen in Deutschland ermöglicht es jungen Geflüchteten, sich selbstbestimmt innerhalb der Systeme bewegen zu können und eigene Entscheidungen auf Grundlage ihrer individuellen Bedürfnisse zu treffen. Insbesondere in Bezug auf den Aufenthaltsstatus ist es essentiell, dass sowohl unbegleitete als auch begleitete Jugendliche ihre Rechte kennen, um diese auch einfordern und gegebenenfalls einklagen zu können (vgl. von Grönheim et al. 2021).

Auch die Aufklärung über das Bildungssystem spielt eine entscheidende Rolle. Die Bildungswege junger Geflüchteter sind zumeist essentieller Bestandteil ihrer Zukunftsvorstellungen und Ziele und damit ihrer Handlungsmotivation. Bei mangelnder Aufklärung kann es geschehen, dass Jugendliche (ohne ihr Wissen) an Schulformen angebunden werden, die Umwege hin zu ihren eigentlichen Zukunftswünschen darstellen oder das Erreichen dieser gar verunmöglichen.

In der Arbeit mit jungen Geflüchteten spielt das Thema Aufklärung demnach eine Schlüsselrolle. Dabei geht es nicht ausschließlich darum, sich selbst umfassende Kenntnisse über rechtliche und strukturelle

Rahmenbedingungen anzueignen und diese an die Jugendlichen weiterzugeben. Die Befähigung der Jugendlichen sich selbst anhand von Materialien über bestimmte Sachverhalte zu informieren oder einen Überblick über Anlaufstellen zu bekommen bilden vielmehr die Basis selbstbestimmte Entscheidungen zu fällen (vgl. von Grönheim et al. 2021). Insgesamt bildet das Prinzip der Transparenz eine der Grundlagen menschenrechtsbasierten Arbeitens. Entsprechend haben Sozialarbeitende gegenüber den Adressat*innen den Auftrag, ebendiese Transparenz zu erbringen und sie umfassend über die Rahmenbedingungen und ihre Rechte aufzuklären.

Aktion

Übung: Aufklärungsquiz

Das folgende Quiz bildet die Grundlage, um spielerisch mit den Jugendlichen über die Themen Aufenthaltsrecht, Versorgungs- und Unterstützungsstrukturen, Bildungssystem, Sozialsystem (Jugendhilfe etc.) sowie den Zugang zum Arbeitsmarkt ins Gespräch zu kommen. Das Quiz kann Wissenslücken aufdecken (sowohl bei den Jugendlichen als auch bei Fachkräften!) und einen Anhaltspunkt für die Wissensvermittlung bieten.

Hinweis: Das Quiz sowie die dazugehörigen Antworten finden sich zum Ausdruck in den Online-Materialien.

Aufklärungsquiz • Fragen

	Asyl- und Aufenthaltsrecht	Die EU und die Welt	Asyl in D	Sozialsystem allgemein
200	Was ist in D kein anerkannter Grund für die Anerkennung der Flüchtlingseigenschaft? a) Krieg b) Religiöse Verfolgung c) Geschlechtsspezifsche Verfolgung	Nenne 3 Menschenrechtsverletzungen, denen Flüchtlinge häufig ausgesetzt sind!	Flüchtlinge aus welchen drei Ländern stellten 2020 die meisten Asylanträge in Deutschland? a) Afghanistan, Syrien, Irak b) Syrien, Venezuela, Südsudan c) Türkei, Iran, Nigeria	Bis wann sind Kinder und Jugendliche in Deutschland schulpflichtig? a) 16 b) 17 c) 18
400	Welches der folgenden Beispiele ist ein regulärer Aufenthaltstitel? a) Aufenthaltsgestattung b) Duldung c) Aufenthaltserlaubnis	Nenne 3 Rechte, die für Kinder auf der ganzen Welt gelten (Kinderrechte)!	Wie viele Asylanträge wurden in Deutschland im Jahr 2020 gestellt? a) 100.000 b) 200.000 c) 300.000	Welchen Schulabschluss brauche ich in D, um studieren zu dürfen? a) Hauptschulabschluss b) Realschulabschluss c) Abitur
600	Nach wie vielen Jahren rechtmäßigen Aufenthaltes dürfen Flüchtlinge eine Niederlassungserlaubnis beantragen? a) 5 b) 7 c) 9	Wie viele Flüchtlinge gibt es weltweit (2020)? a) 26 Tausend b) 26 Millionen c) 26 Milliarden	Bei welcher dieser Organisationen findest du keine Unterstützung zur Vorbereitung auf das Asylverfahren? a) Flüchtlingsrat b) Migrationsberatungsstelle c) Bundesamt für Migration und Flüchtlinge	Dürfen jungen Menschen ohne sicheren Aufenthalt in D studieren? a) Ja b) Nein c) Unter besonderen Voraussetzungen
800	Wie heißt die Verordnung, die die Zuständigkeit für die Asylanträge in der EU regelt? a) Paris b) Manchester c) Dublin	In welchem Land leben die meisten Flüchtlinge (2020)? Nennung eines der „Top-3-Länder".	Welche Menschen mit Fluchtgeschichte können in D nicht ohne weiteres zum Arzt gehen? a) Arbeitslose b) Menschen ohne Papiere c) Anerkannte Flüchtlinge	Welche allgemeinen Angebote/Einrichtungen gibt es für Kinder und Jugendliche in D?
1000	Nenne eine Alternative zur Ausbildungsduldung.	Auf welches große Ereignis geht die Vereinbarung über den weltweiten Flüchtlingsschutz (Genfer Flüchtlingskonvention von 1951) zurück? a) Erster Weltkrieg b) Zweiter Weltkrieg c) Kalter Krieg	Welche Kriterien sind bei der Entscheidung über einen Härtefallantrag wichtig? a) Finanzielle Sicherheit b) Erfolg in Arbeit oder Schule c) Integration	Bis wann können Kinder und Jugendliche in D max. Jugendhilfeleistungen in Anspruch nehmen? a) 18 b) 21 c) 25

Aufklärungsquiz • Antworten

	Asyl- und Aufenthaltsrecht	Die EU und die Welt	Asyl in D	Sozialsystem allgemein
200	Was ist in D kein anerkannter Grund für die Anerkennung der Flüchtlingseigenschaft? **a) Krieg** b) Religiöse Verfolgung c) Geschlechtsspezifsche Verfolgung	Nenne 3 Menschenrechtsverletzungen, denen Flüchtlinge häufig ausgesetzt sind! **z.B.** **Recht auf Nahrung** **Recht auf Bildung** **Recht auf Gesundheitsfürsorge**	Flüchtlinge aus welchen drei Ländern stellten 2020 die meisten Asylanträge in Deutschland? **a) Afghanistan, Syrien, Irak** b) Syrien, Venezuela, Südsudan c) Türkei, Iran, Nigeria	Bis wann sind Kinder und Jugendliche in Deutschland schulpflichtig? **a) 16** b) 17 c) 18
400	Welches der folgenden Beispiele ist ein regulärer Aufenthaltstitel? a) Aufenthaltsgestattung b) Duldung **c) Aufenthaltserlaubnis**	Nenne 3 Rechte, die für Kinder auf der ganzen Welt gelten (Kinderrechte)! **Recht auf Bildung** **Recht auf Spiel und Freizeit** **Recht auf Schutz vor Gewalt** **Recht auf Gesundheit**	Wie viele Asylanträge wurden in Deutschland im Jahr 2020 gestellt? **a) 100.000** b) 200.000 c) 300.000	Welchen Schulabschluss brauche ich in D, um studieren zu dürfen? a) Hauptschulabschluss b) Realschulabschluss **c) Abitur**
600	Nach wie vielen Jahren rechtmäßigen Aufenthaltes dürfen Flüchtlinge eine Niederlassungserlaubnis beantragen? **a) 5** b) 7 c) 9	Wie viele Flüchtlinge gibt es weltweit (2020)? a) 26 Tausend **b) 26 Millionen** c) 26 Milliarden	Bei welcher dieser Organisationen findest du keine Unterstützung zur Vorbereitung auf das Asylverfahren? a) Flüchtlingsrat b) Migrationsberatungsstelle **c) Bundesamt für Migration und Flüchtlinge**	Dürfen jungen Menschen ohne sicheren Aufenthalt in D studieren? **a) Ja** b) Nein c) Unter besonderen Voraussetzungen
800	Wie heißt die Verordnung, die die Zuständigkeit für die Asylanträge in der EU regelt? a) Paris b) Manchester **c) Dublin**	In welchem Land leben die meisten Flüchtlinge (2020)? Nennung eines der „Top-3-Länder". **Türkei, Kolumbien, Pakistan**	Welche Menschen mit Fluchtgeschichte können in D nicht ohne weiteres zum Arzt gehen? a) Arbeitslose **b) Menschen ohne Papiere** c) Anerkannte Flüchtlinge	Welche allgemeinen Angebote/ Einrichtungen gibt es für Kinder und Jugendliche in D? **Jugendtreffs, Sportvereine, Arche, Abendteuerspielplätze, diverse Freizeit- und Bildungsangebote z.B. an VHS**
1000	Nenne eine Alternative zur Ausbildungsduldung. **Mögliche Antwort:** **Bleiberecht für gut integrierte Jugendliche (§25a Aufenthaltsgesetz)**	Auf welches große Ereignis geht die Vereinbarung über den weltweiten Flüchtlingsschutz (Genfer Flüchtlingskonvention von 1951) zurück? a) Erster Weltkrieg **b) Zweiter Weltkrieg** c) Kalter Krieg	Welche Kriterien sind bei der Entscheidung über einen Härtefallantrag wichtig? **a) Finanzielle Sicherheit** b) Erfolg in Arbeit oder Schule c) Integration	Bis wann können Kinder und Jugendliche in D max. Jugendhilfeleistungen in Anspruch nehmen? a) 18 b) 21 **c) 25**

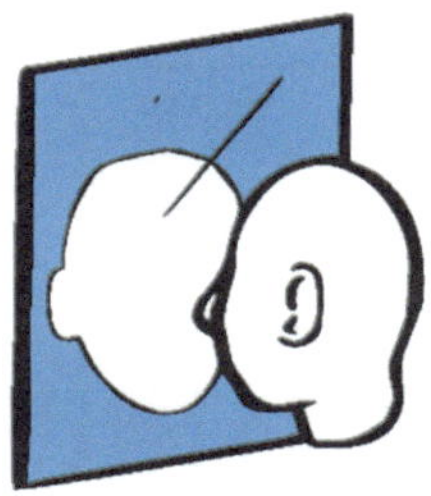

Reflexion

Folgende Fragen können dabei helfen, sich mit möglichen Knackpunkten bei der Aufklärung über Strukturen und Systeme selbstreflexiv auseinanderzusetzen:

- Wie umfassend sind meine Kenntnisse zu den Rechten junger Geflüchteter?
- Wann habe ich das letzte Mal eine Schulung zum Aufenthaltsrecht besucht?
- Welche Systeme und Strukturen in Deutschland könnten für junge Geflüchtete eventuell eine Herausforderung darstellen?
- Inwieweit habe ich die Jugendlichen in meiner Arbeit über diese Systeme aufgeklärt?
- An welchen Stellen halte ich umfassende Informationen zurück, um die Jugendlichen zu schützen/sie nicht zu überfordern?
- Wie gehe ich als Fachkraft mit dem Spannungsfeld um, die Jugendlichen mit zu vielen Informationen nicht zu überfordern, andererseits aber transparent zu bleiben und Ihnen mein Wissen zur Verfügung zu stellen?
- Wie selbstbestimmt sind die Jugendlichen im Umgang mit dem Bildungssystem?
- Wo liegen meine Wissenslücken zu den Möglichkeiten des Bildungssystems?
- Was sind meiner Ansicht nach die größten „Unsicherheitsfaktoren" für junge Geflüchtete in Deutschland?

Partizipation

Aufklärung kann auf verschiedene Arten erfolgen. Es können beispielsweise Workshops zu bestimmten Themen ausgearbeitet und durchgeführt werden. Gemeinsame Besuche bei Beratungsstellen oder externen Workshop-Angeboten (bspw. beim Flüchtlingsrat) kommen ebenso in Frage.

Wir empfehlen zudem zielgruppenorientierte Broschüren wie ...
die des Niedersächsischen Flüchtlingsrates zum Thema Aufenthaltsrecht für unbegleitete Geflüchtete:

- Titel: „Das Asylverfahren. Deine Rechte, deine Perspektiven – erklärt für unbegleitete Minderjährige“
- Link: www.nds-fluerat.org/38219/aktuelles/das-asylverfahren-deine-rechte-deine-perspektiven-erklaert-fuer-unbegleitete-minderjaehrige/

oder die Broschüre des Bundesfachverbandes für unbegleitete minderjährige Flüchtlinge (BumF) zu den Rechten begleiteter Geflüchteter:

- Titel: „Neu anfangen: Tipps für geflüchtete Jugendliche“
- Link: https://b-umf.de/material/neu-anfangen/

... für die gemeinsame Auseinandersetzung oder die individuelle Information zu nutzen.

Ein regelmäßiger Austausch kann helfen, Wissenslücken bei den Jugendlichen zu identifizieren und zu schließen. Zudem kann ein Raum für Aufklärung die Jugendlichen ermutigen, sich selbstbestimmt mit den Systemen, in denen sie sich bewegen und mit ihren Rechten auseinanderzusetzen:

- Was findest du in Deutschland besonders kompliziert?
- Auf welche Schwierigkeiten bist du in letzter Zeit gestoßen?
- Welche Strukturen sind dir noch nicht so ganz klar?
- Wo bräuchtest du Unterstützung?
- Was würde dir helfen, diese Strukturen besser zu verstehen?
- Kennst du deine Rechte?
- Welche Rechte kennst du?
- Wo hast du Fragen zu deinen Rechten?
- Sind dir die Unterschiede zwischen den verschiedenen Aufenthaltstiteln bekannt?
- Wenn nein, welche Informationen benötigst du noch?
- Wenn ja, welche Auswirkungen hat diese Information auf deine Lebensgestaltung?
- Was verunsichert dich in Deutschland am meisten?
- Was bräuchtest du, damit du besser mit dieser Verunsicherung zurechtkommst?
- In welchen Bereichen würdest du dir mehr Aufklärung wünschen?

8. Netzwerke: Wer kann helfen?

Information

Um sich in einer neuen Umgebung mit fremden Strukturen, Institutionen und Umgangsweisen zurechtfinden zu können, bedarf es eines ganzheitlichen Netzwerkes, das die jungen Geflüchteten bei allen individuellen Fragen und Themen unterstützt. Ein langfristig angelegtes, bedarfsgerechtes Netzwerk bietet Orientierung und Sicherheit und garantiert eine Begleitung während aller wichtigen Übergänge.

Insbesondere die Anbindung begleiteter junger Geflüchteter an Unterstützungssysteme und -netzwerke ist unzureichend, da sie nicht automatisch an die Leistungen der Jugendhilfe angegliedert werden (vgl. von Grönheim et al. 2021). Für unbegleitete junge Geflüchtete stellt das Ausscheiden aus der Jugendhilfe einen besonders herausfordernden Übergang dar. Damit sie diesen bestmöglich bewältigen können, ist es entscheidend, dass die Jugendlichen sich bereits während ihrer Zeit im Jugendhilfesystem ein Unterstützungsnetzwerk aufbauen konnten, das sie auch nach dem Ausscheiden aus der Jugendhilfe unterstützt und auf das sie sowohl bei alltagspraktischen als auch bei rechtlichen und anderen Fragen zurückgreifen können (vgl. Gonzáles Méndez de Vigo, Karpenstein, Schmidt 2017: S. 15).

Neben Fachkräften als Netzwerkpartner*innen können auch Peers oder selbstverwaltete Gruppen einen wichtigen Teil des Unterstützungssystems darstellen. Es gilt, Jugendliche über Institutionen und Organisationen, die als Teil eines bedarfsgerechten Netzwerkes in Frage kommen zu informieren und sie gegebenenfalls bei der Anbindung zu unterstützen.

Da junge geflüchtete Menschen in der Regel umfassende interdisziplinäre Unterstützungsbedarfe mitbringen (strukturell, psychosozial, rechtlich) bietet es sich an, dass Fachkräfte ebenfalls multiprofessionelle Netzwerke aufbauen, um Zugang zu aktuellen Informationen in allen Themengebieten zu erhalten und die Anbindung der Jugendlichen zu erleichtern. Zudem können über eine umfassende Vernetzung Versorgungslücken aufgedeckt und gegebenenfalls geschlossen werden. (vgl. Gonzáles Méndez de Vigo, Karpenstein, Schmidt 2017: 78)

Aktion

Übung: Mein Netzwerk

Junge Geflüchtete sollten umfassenden Zugang zu Informationen über Institutionen und Gruppen erhalten, die als Netzwerkpartner*innen in Frage kommen. Diese Form der Aufklärung bildet die Grundlage für den selbstbestimmten Aufbau eines individuellen bedarfsgerechten Unterstützungsnetzwerkes. In der Praxis lässt sich dies beispielsweise durch einen Informationstag oder durch die begleitete(!) Bereitstellung von Flyern und Informationsmaterialien umsetzen.
Die Tabelle bietet Ideen und Anregungen zu Institutionen und Gruppen, die als potenzielle Unterstützer*innen in Frage kommen.

Hinweis: Die Tabelle zum Ausdruck findet sich in den Online-Materialien.

Mein Netzwerk

Institutionen und Personen	Bedarf + / -	Name der Ansprechperson	Termin am	Gesprächsnotizen
Flüchtlingsräte der Länder				
ProAsyl e.V.				
Jugendmigrationsdienste				
Schulsozialarbeiter*innen				
Berufsberatung				
Jugendliche ohne Grenzen e.V.				
BumF e.V.				
Migrationsberatungsstellen				
Selbsthilfegruppen				
Vereine und selbstverwaltete Gruppen zum Thema Flucht in der Umgebung				
Ehrenamtliche				
Anlaufstellen für Rechtsberatung				
Vereine der Sport- und Freizeitgestaltung				

Reflexion

Netzwerkarbeit stellt für viele Fachkräfte einen festen Bestandteil des Arbeitsalltages dar. Aufgrund der Tatsache, dass es im Bereich Flucht häufig zu rechtlichen und strukturellen Änderungen kommt, ist es notwendig, sich regelmäßig über neue Entwicklungen auszutauschen. Viele der fachlichen Netzwerke sind auf ebendiesen Austausch und die Bemühung, ganzheitliche Versorgungsstrukturen aufzubauen ausgelegt.
Wichtig ist, mit den Jugendlichen zu klären in welchem Rahmen diese selbst an Netzwerke angebunden sind, die auch ohne eine fachliche Begleitung bestehen bleiben und in denen sie sich selbstbestimmt bewegen können.

Die folgenden Fragen können dabei helfen, sich mit dem Stellenwert und der Ausgestaltung von Netzwerken auseinanderzusetzen:

- Welche Personen und Institutionen gehören zu meinem Netzwerk?
- Inwieweit sind die Jugendlichen direkt an dieses Netzwerk angebunden?
- Wenn nicht, was muss ich in die Wege leiten, damit dies geschieht?
- Welche Vernetzungen bleiben langfristig (auch ohne meine Begleitung) bestehen?
- Wie viel Raum haben Netzwerkpflege und Netzwerkausbau in meiner Arbeit?
- Habe ich die Unterstützung von meiner/meinem Vorgesetzten dabei?

- Inwiefern sind selbstorganisierte Gruppen (wie z. B. Jugendliche ohne Grenzen e.V.) Teil meiner Netzwerkarbeit?
- Wie informiere ich junge Geflüchtete über Unterstützungsmöglichkeiten?
- Welche Personen und Institutionen fehlen noch in meinem/ihrem Netzwerk?

Partizipation

Um den Aufbau eines bedarfsgerechten Netzwerkes, in dem die Jugendlichen sich selbstbestimmt bewegen können, zu ermöglichen, muss zunächst gemeinsam mit den Jugendlichen herausgearbeitet werden, in welchen Bereichen individuelle Unterstützung gebraucht und gewünscht wird.

- In welchen Bereichen benötigst du noch Unterstützung?
- Was denkst du, wer könnte dir da weiterhelfen?
- An wen wendest du dich, wenn du (asyl-)rechtliche Fragen hast?
- An wen wendest du dich, wenn du Hilfe bei Papier- oder Behördenkram benötigst?
- An wen wendest du dich bei Fragen zu Bildung und Beruf?
- Würdest du dich gern zu (asyl-)politischen Themen engagieren?
- Wer sind die Menschen, denen du vertraust und an die dich wendest, wenn dich etwas beschäftigt oder du ein Problem hast?

9. Anfänge: Was brauchst du?

Information

Die Ankunftssituation stellt für junge Geflüchtete einen besonders herausfordernden Übergang dar (vgl. von Grönheim et al. 2021). Innerhalb pauschalisierender Prozeduren in der Ankunftssituation kommen individuelle Bedürfnisse häufig zu kurz. Die Strukturen sind darauf ausgelegt, (junge) geflüchtete Menschen vorerst unterzubringen und physisch zu versorgen. Die psychosoziale Betreuung wird dabei zunächst als zweitrangig eingestuft. Die ersten Tage in Gemeinschaftsunterkünften und Jugendhilfeeinrichtungen stellen für junge Geflüchtete oftmals eine Überforderung dar. Sie müssen sich in neuen Strukturen zurechtfinden, haben kaum Privatsphäre und werden mit einer Vielzahl fremder Menschen und Eindrücke konfrontiert. Der Prozess des Ankommens und die damit verbundenen Unsicherheiten reichen noch weit über die ersten Wochen hinaus. Ankommen bedeutet auch den Aufbau neuer sozialer Netzwerke, die Anbindung an das Bildungssystem und den Aufbau tragfähiger Zukunftsperspektiven. (vgl. Lechner, Huber 2017)

Innerhalb dieser Prozesse des Ankommens und des Erkundens der neuen Umgebung bedarf es Vertrauenspersonen, die die Jugendlichen auf ihrem Weg unterstützen und ihre individuellen Bedürfnisse und Bedarfe im Blick behalten. Fachkräfte können die Rolle der Vertrauenspersonen einnehmen und jungen Geflüchteten Orientierung und Halt in der unsicheren Ankunftssituation bieten (vgl. von Grönheim et al. 2021).

Aktion

Innerhalb eines Systems, das darauf ausgelegt ist, viele Menschen an feste Strukturen anzubinden kommen individuelle Bedürfnisse und die Wertschätzung jeder und jedes Einzelnen schnell zu kurz. Eine mögliche Aktion, um Unsicherheiten zu beseitigen und die Wertschätzung gegenüber den Jugendlichen als Individuen auszudrücken ist ein Willkommensfest, bei dem die Ankunft jeder neuen Person gefeiert wird.

Ein festes Ritual für die Willkommensfeste könnte beispielsweise das gemeinsame Kochen des Lieblingsessens der neu angekommenen Person sein, bei dem alle Mitbewohner*innen mit einbezogen werden. Auf diese Weise wird den Jugendlichen Respekt und Wertschätzung entgegengebracht. Sie werden als Individuen in den Mittelpunkt gestellt und gefeiert, ganz nach dem Motto: „Es ist schön, dass du da bist!“

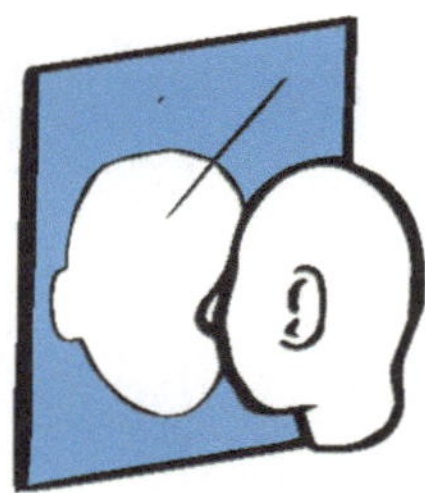

Reflexion

- Welche Herausforderungen sehe ich in der Ankunftssituation der Jugendlichen?
- Wie wird die Ankunftssituation im Rahmen meiner Arbeit gestaltet?
- Wie merke ich, wenn die Jugendlichen mit der Ankunftssituation überfordert oder unzufrieden sind?
- Welche Unsicherheiten können auftreten?
- Bedenke ich alle Bereiche, die wichtig sind für ein gelingendes Ankommen (Sicherheit, Stabilität, Transparenz, soziale Kontakte etc.)?
- Ist die derzeitige Ausgestaltung der Ankunftssituation individuell und bedarfsgerecht? Wenn nicht, was müsste verändert werden?

Partizipation

Die Bedürfnisse junger geflüchteter Menschen nach ihrer Ankunft in Deutschland sind so unterschiedlich wie die Jugendlichen selbst. Daher ist es wichtig, sich in der gemeinsamen Auseinandersetzung an die Identifikation der Bedarfe anzunähern und mögliche Unterstützungsformen herauszuarbeiten:

- Was brauchst du?
- Was verunsichert dich?
- Wie kann ich dich unterstützen?
- Was wünschst du dir gerade am meisten?

Denk immer daran: Du hast es bis hierhergeschafft, du kannst stolz auf dich sein! Wir freuen uns, dass du da bist!

10. Widerstand: Was können wir tun?

Information

Junge Geflüchtete werden nach ihrer Ankunft in Deutschland mit zahlreichen Herausforderungen konfrontiert. Die Strukturen, in die sie sich einfinden müssen sind dabei nicht selten fremdbestimmend und setzen die Jugendlichen unter Anpassungsdruck. Teilweise verunmöglichen formelle oder strukturelle Voraussetzungen und Rahmenbedingungen sogar selbstbestimmte Übergänge. (vgl. von Grönheim et al. 2021)

Insbesondere im Aufenthaltsrecht und im Bildungssystem finden sich Strukturen, die junge Geflüchtete dazu zwingen, von ihren Zielen und Zukunftsvorstellungen abzuweichen. Beispielsweise wenn junge Menschen, die nach Deutschland kommen aufgrund ihres Alters formell nicht mehr schulpflichtig sind und ihnen mit dieser Begründung die Möglichkeit, einen Abschluss zu machen verwehrt wird oder wenn insbesondere junge unbegleitete Geflüchtete aufgrund ihres Aufenthaltsstatus keine sichere Bleibeperspektive nachweisen können und aus diesem Grund keine Jobs bekommen. Diese Formen der strukturellen Fremdbestimmung können bei den Jugendlichen (und auch bei den Fachkräften!) ein allgegenwärtiges Ohnmachtsgefühl auslösen. (vgl. von Grönheim et al. 2021) Das Gefühl, den Strukturen und Formalitäten ausgeliefert zu sein, kann zu Verzweiflung und Motivationslosigkeit führen.

In der Arbeit mit jungen Geflüchteten ist es daher entscheidend, dass Fachkräfte sich zum einen selbst mit strukturellen Hürden auseinandersetzen und diese nicht als unveränderbar hinnehmen und zum anderen diese Haltung auch an die Jugendlichen weitergeben: Ungerechte und diskriminierende formelle und strukturelle Rahmenbedingungen müssen nicht hingenommen werden! Fachkräfte sind hier aufgefordert, sich parteilich an die Seite der Jugendlichen zu stellen (vgl. Gonzáles Méndez de Vigo, Karpenstein, Schmidt 2017: 65 f.).

Kreative Formen des Widerstandes können dabei helfen, das Ohnmachtsgefühl zu überwinden und eventuell sogar dazu beitragen, strukturelle Veränderungen herbeizuführen.

Aktion

Sobald Jugendliche mit Ohnmachtsgefühlen durch verunmöglichende Strukturen konfrontiert werden, können im Rahmen einer Aktion gemeinsam kreative Formen des Widerstandes gefunden werden.

Es gibt zahlreiche Möglichkeiten, um sich gegen starre Strukturen aufzulehnen und das eigene Ohnmachtsgefühl zu überwinden, zum Beispiel über:

- **Demonstrationen**
  Neben der Organisation einer eigenen Demonstration zu einem bestimmten Thema kann auch die gemeinsame Teilnahme an großen Demonstrationen beispielsweise für Toleranz und Akzeptanz einen sehr empowernden Effekt haben. Gemeinsam mit den Jugendlichen können Banner oder ähnliches gebastelt werden.

- **Einzelgespräche: Politiker*innen, Lehrer*innen**
  Bei konkreten Anliegen können Gespräche mit Einzelpersonen wie Politiker*innen oder Lehrer*innen organisiert werden. Die Anfragen sollten dabei nach Möglichkeit direkt an die Personen gestellt werden. Gemeinsam mit den Jugendlichen können dann nach erfolgreicher Terminvereinbarung Fragen- oder Forderungskataloge ausgearbeitet werden

- **Kreative Aktionen wie Ausstellungen, ein Theaterstück etc.**
  Hier sind der Kreativität keine Grenzen gesetzt! Beziehen Sie die Jugendlichen in die Planung mit ein und setzen sie das Thema

beispielsweise in Form eines Theaterstücks oder eines Songs um.

- **Briefe**
  Je nach Anliegen kann es auch hilfreich sein, einen Brief zu schreiben, beispielsweise wenn ein persönliches Gespräch mit den Adressat*innen nicht möglich sein sollte. Zudem kann es guttun, sich die Wut oder das Ohnmachtsgefühl erstmal von der Seele zu schreiben.

- **Unterschriftensammlungen**
  Unterschriftensammlungen sind eine sehr gängige Methode, um die Wichtigkeit eines Anliegens zu betonen. Auf diese Weise kann deutlich gemacht werden, dass viele Menschen hinter der Forderung stehen und sie unterstützen.

... und viele mehr!

Praxisbeispiel: Wie starte ich eine Petition?

Eine Petition ist die Verschriftlichung eines Anliegens, die sich mit einer Beschwerde oder einem Vorschlag an den Deutschen Bundestag richtet. Ein Petitionsausschuss befasst sich dort mit dem jeweiligen Anliegen. Jeder Mensch hat das Recht, eine Petition einzureichen.
Inzwischen gibt es zahlreiche Online Plattformen, auf denen man Petitionen veröffentlichen kann, beispielsweise openpetition.de oder change.org. Es ist jedoch ratsam, Petitionen direkt auf der Website des Deutschen Bundestages einzureichen, da dort die formalen Voraussetzungen erfüllt werden. Der Ausschuss muss sich mit jeder Petition befassen. Hier die wichtigsten Schritte zur Petition.

1. *Anliegen formulieren:* Was soll verändert werden? Kurze und prägnante Formulierung, insbesondere die Überschrift sollte Leser*innen sofort ansprechen!

2. *Angabe der Adressat*innen:* An wen richtet sich die Petition? Beispielsweise einzelne Politiker*innen, Unternehmen oder an den gesamten Bundestag.
3. *Umfassende Beschreibung des Anliegens:* Was läuft falsch und was soll geändert werden? Die Schilderung des Sachverhaltes sollte möglichst eingängig sein und die Menschen auch emotional ansprechen. Beispiele können helfen, um das Anliegen zu verdeutlichen. Bei Bedarf können auch Bilder, Videos oder ähnliches angefügt werden.
4. *Anliegen bekannt machen:* Je mehr Unterstützung, desto besser! Petitionen können beispielsweise über Soziale Netzwerke, E-Mail-Verteiler oder den Kolleg*innen- und Freundeskreis verbreitet werden. Manchmal sind auch Nachrichtenportale, Zeitungen und Fachportale bereit, die Petition zu verbreiten.

Für eine erfolgreiche Planung und Umsetzung sollten folgende Fragen berücksichtigt werden:

1. Worum geht es? Was ist das Problem?
2. Wer ist für dieses Problem verantwortlich bzw. wer kann es lösen? An wen richtet sich die Aktion?
3. Welche Ideen haben die Jugendlichen bezüglich der Planung und der Umsetzung?
4. Mit wem können wir uns zusammenschließen?
5. Wie verschaffen wir uns Gehör?
6. Was könnten mögliche Ergebnisse sein?

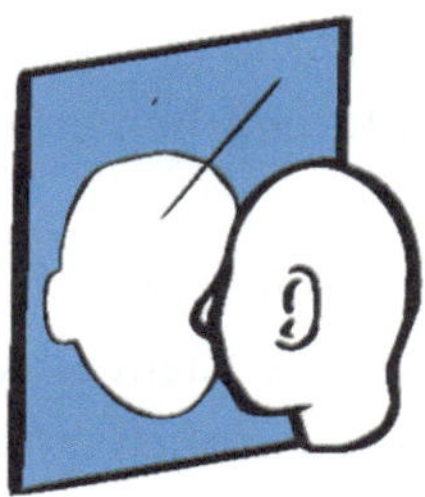

Reflexion

Eine selbstreflexive Auseinandersetzung mit bestehenden Strukturen kann dabei helfen, strukturelle Hürden für junge Geflüchtete zu identifizieren und die eigenen Umgangsweisen mit diesen Strukturen in der Arbeit zu hinterfragen:

- Welche Strukturen stellen für junge Geflüchtete ein Hindernis dar?
- Welche Auswirkungen hat das auf die Jugendlichen?
- Inwiefern passe ich mich in meiner Arbeit an diese Strukturen an und inwiefern lehne ich mich auf?
- Welche Möglichkeiten nutze ich, um Widerstand zu leisten?
- Achte ich darauf, Widerspruch gemeinsam mit den Jugendlichen bzw. aus ihrer Perspektive heraus zu formulieren?
- Inwieweit beziehe ich die Jugendlichen in Prozesse und die Auswahl der Art des Widerstandes mit ein?

Partizipation

In der gemeinsamen Auseinandersetzung können strukturelle Hürden und mögliche Umgangsweisen damit herausgearbeitet werden. Es ist wichtig, Widerstand als Möglichkeit zu erleben, Selbstwirksamkeitserfahrungen zu machen und als Antwort auf Ohnmachtsgefühle zu institutionalisieren. Auf der anderen Seite muss ebenso diskutiert werden, in welchen Fällen Widerstand keine passende Bewältigungsstrategie darstellt. Wichtig ist es, über die Erfahrungen mit erfolgreichen und nicht erfolgreichen Formen von Widerstand zu reden:

- Hat dich schon mal jemand daran gehindert, dass zu tun, was du wolltest?
- Wie bist du damit umgegangen?
- Hattest du schon einmal das Gefühl, ein Ziel aufgeben zu müssen?
- In welchen Situationen hast du das Gefühl, dass Strukturen und Rahmenbedingungen dich behindern bzw. behindert haben?
- Und wie bist du damit umgegangen?
- Fallen dir Beispiele für strukturelle (z. B. Aufenthaltsstatus) oder formelle (z. B. Schulabschluss wird nicht anerkannt) Hürden ein?
- Was kannst du tun, um diese Hürden zu überwinden? Bzw. was können wir gemeinsam tun, um diese Hürden zu überwinden?
- Welche Wünsche und Träume musstest du aufgeben, weil dir jemand gesagt hat, dass das hier in Deutschland nicht funktioniert?
- Hast du schon mal von Aktionen gehört, bei denen Widerstand gegen die Strukturen geleistet wurde?
- Wo möchtest du Widerstand leisten? Bzw. wo möchtest du dich wehren?
- Was können wir tun? Welche Ideen hast du?

- Gibt es Situationen, in denen es besser ist, sich anzupassen anstatt Widerstand zu leisten?
- Wo hast du schon einmal erfolgreich Widerstand geleistet? Oder: Fallen dir persönliche Beispiele ein, wo du erfolgreich Widerstand geleistet hast?

11. Hobbys: Was macht dir Spaß?

Information

Hobbys können für junge Geflüchtete eine Vielzahl von Funktionen haben. Zum einen bieten regelmäßige Aktivitäten in Gruppen die Möglichkeit, neue Kontakte zu knüpfen, sich auszutauschen und Freundschaften zu schließen. Besonders für junge Geflüchtete ist hier von zentraler Bedeutung, dass Sprache, Alter und Erfahrungen in der Regel nur eine untergeordnete Rolle spielen. Hobbys wie Fußball, Tanzen, Laufen und Kochen verbinden, weil sie die Jugendlichen über ihre Gemeinsamkeiten zusammenbringen.

Darüber hinaus haben Hobbys auch eine tagesstrukturierende Funktion. Begleitete junge Geflüchtete, die mit ihren Familien in Gemeinschaftsunterkünften oder abgelegen ländlichen Gegenden untergebracht sind, berichten von sich wiederholenden, eintönigen Tagesabläufen und beengten Wohnverhältnissen, in denen sie wenig Raum für sich und ihre individuellen Interessen und Bedürfnisse finden.

Regelmäßige Aktivitäten in Vereinen etc. strukturieren den Alltag und schaffen neue Möglichkeitsräume für positive Erfahrungen und Vernetzung. Bei der Ausübung von Hobbys können junge Menschen Selbstwirksamkeitserfahrungen machen, die Ihnen in sonst eher fremdbestimmten Verhältnissen wie Gemeinschaftsunterkünften oder Wohngruppen verwehrt bleiben.

Junge geflüchtete Menschen berichten zudem, über Sport oder andere Hobbys Stress abbauen zu können. Die Bewegung und der Austausch mit anderen hilft dabei, sich nicht in den eigenen Gedankenströmen zu verlieren: „Bei mir eigentlich schon, wenn man zum Beispiel traurig ist und nachdenkt, ist besser wenn man Sport treibt." (GD Hildesheim, Pos. 425 JuFlu 2020)

Aktion

Übung: Hobbys stärken

Junge Geflüchtete brauchen wie alle anderen Jugendlichen auch ein Hobby, bei dem sie ihre eigenen Interessen ausleben und Selbstwirksamkeitserfahrungen machen können. In der Regel bedarf es der Unterstützung bei der Orientierung und im Findungsprozess für die individuell passende Aktivität.
Die Aufgabe der Fachkräfte besteht hier in der Vermittlung und Anbindung. Dafür gibt es zahlreiche Herangehensweisen und Möglichkeiten. Beispielsweise kann gemeinsam mit den Jugendlichen eine individuelle Mindmap zu möglichen Hobbys erstellt werden. Im Folgenden sollen ein paar Ideen vorgestellt werden.

Hinweis: Die Ideenübersicht zu den Hobbys findet sich ebenfalls in den Online-Materialien.

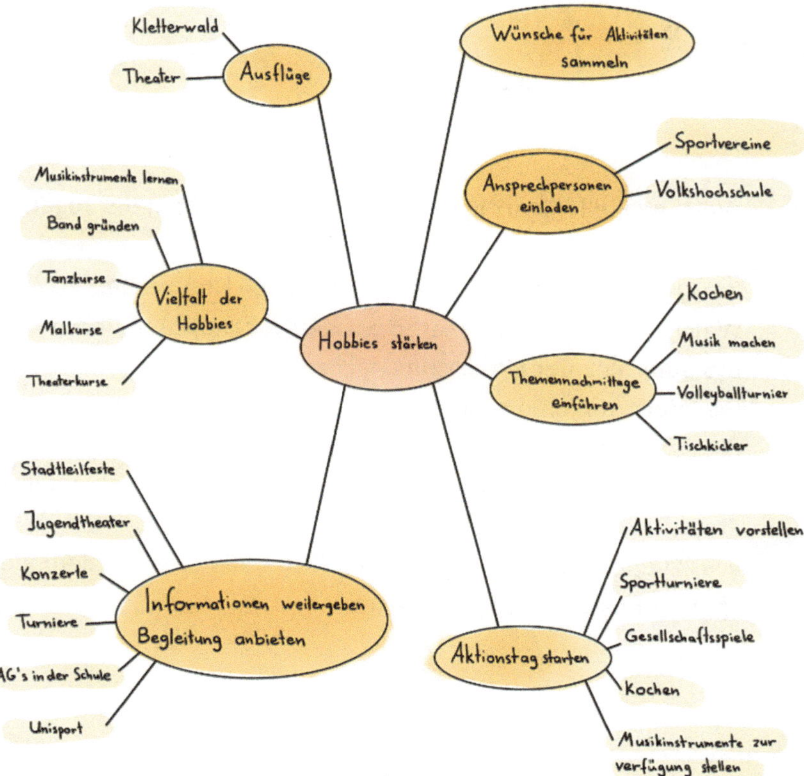
Hobbies stärken
Ausflüge
Kletterwald
Theater
Wünsche für Aktivitäten sammeln
Ansprechpersonen einladen
Sportvereine
Volkshochschule
Vielfalt der Hobbies
Musikinstrumente lernen
Band gründen
Tanzkurse
Malkurse
Theaterkurse
Themennachmittage einführen
Kochen
Musik machen
Volleyballturnier
Tischkicker
Informationen weitergeben Begleitung anbieten
Stadtteilfeste
Jugendtheater
Konzerte
Turniere
AG's in der Schule
Unisport
Aktionstag starten
Aktivitäten vorstellen
Sportturniere
Gesellschaftsspiele
Kochen
Musikinstrumente zur verfügung stellen

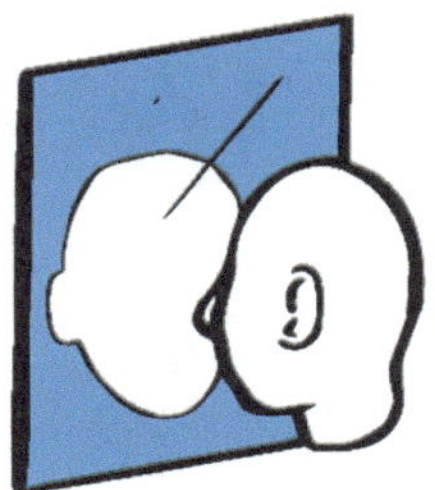

Reflexion

- Welchen Stellenwert haben die Freizeitaktivitäten der Jugendlichen in der Arbeit?
- Welchen Stellenwert messe ich persönlich Hobbys bei?
- Welche Möglichkeiten bieten wir den Jugendlichen, ihren Hobbys innerhalb der Einrichtung nachzugehen?
- Inwiefern stellen die Hobbys der Jugendlichen Ressourcen dar, die es zu fördern gilt?
- Wie selbstbestimmt sind die Jugendlichen in der Auswahl ihrer Freizeitaktivitäten?
- Was tue ich gerne? Gibt es Jugendliche, die sich mit dem gleichen Hobby beschäftigen wie ich?

Partizipation

Es ist entscheidend, dass die Jugendlichen ihre Hobbys und Freizeitaktivitäten selbstbestimmt nach Interesse auswählen können.
In der gemeinsamen Auseinandersetzung kann geklärt werden, welche Bedeutung die jeweiligen Hobbys für die Jugendlichen haben:

- Was machst du gerne in deiner Freizeit?
- Welche Aktivität würdest du gerne mal ausprobieren?
- Welche Erfahrungen machst du, wenn du deinem Hobby nachgehst?
- Was bedeutet es für dich, ein Hobby zu haben?
- Gibt es etwas, das dich an der Ausübung deines Hobbys hindert? Gibt es Berührungsängste? Wenn ja, wie sehen diese aus?
- Welche Unterstützung brauchst du von uns dabei, ein Hobby zu beginnen/aufzugreifen?

12. Abschalten: Wie kommst du zur Ruhe?

Information

Junge Menschen werden nach ihrer Ankunft in Deutschland mit zahlreichen Herausforderungen konfrontiert. Häufig bewegen sie sich in einem ständigen Spannungsfeld zwischen den eigenen, den familiären und den strukturellen und gesellschaftlichen Erwartungen des Aufnahmelandes.

Die Anforderungen, die an junge Geflüchtete gestellt werden, reichen vom sich Zurechtfinden innerhalb einer fremden Umgebung, sich in neuen Strukturen und in einem neuen sozialen Umfeld einfinden, bis hin zur kontinuierlichen Auseinandersetzung mit Anpassungs- und Abgrenzungsentscheidungen im Sinne der individuellen Identitätsarbeit. Diese Prozesse können enorm kräftezehrend sein. (vgl. von Grönheim et al. 2021)

Hinzu kommt, dass unbegleitete junge Geflüchtete häufig mit einer grundsätzlichen Unsicherheit in Bezug auf ihren Aufenthaltsstatus und dementsprechend auf ihre Bleibeperspektive in Deutschland zu kämpfen haben (vgl. Gonzáles Méndez de Vigo, Karpenstein, Schmidt 2017: S. 12). Begleitete junge Geflüchtete leiden zudem häufig unter dem Mangel an Rückzugsräumen und Privatsphäre in Gemeinschaftsunterkünften oder im Zusammenleben mit ihren Eltern, wenn diese aufgrund individueller Problemlagen im Alltag auf die umfassende Unterstützung ihrer Kinder angewiesen sind (Parentifizierung) (vgl. Correll, Kassner, Lepperhoff 2017: 43).

Hinzu kommt der Aspekt potenzieller Traumatisierung junger Geflüchteter. Viele der Jugendlichen haben in ihren Herkunftsländern oder auf der Flucht traumatische Erfahrungen gemacht. Die Auswirkungen der

Traumatisierung reichen dabei in der Regel weit über das traumatisierende Ereignis hinaus (vgl. Hargasser 2016). Daher ist es für die Entwicklung von betroffenen Jugendlichen entscheidend, dass diese im Aufnahmeland ein unterstützendes Umfeld vorfinden, das ihnen Geborgenheit, Sicherheit, Schutz und Stabilität bietet. (vgl. Detemple 2013: 35) All diese Faktoren erzeugen Anspannung und Druck. In der Arbeit mit jungen Geflüchteten ist es zunächst wichtig, diese Anspannung zu erkennen und Räume zu schaffen, um Druck und Stress abbauen zu können.

Aktion

„Sicherer Ort"

Im Rahmen der Übung „Sicherer Ort" bekommen die Jugendlichen die Möglichkeit, einen eigenen imaginären sicheren Ort zu erzeugen, an den sie sich bei hoher Anspannung mental zurückziehen und sich entspannen können.
Sicherheit stellt für junge Geflüchtete eine Schlüsselkategorie dar. Zumeist haben sie ihr Herkunftsland verlassen müssen, weil der Faktor Sicherheit dort nicht mehr gegeben war.
Die Übung „Sicherer Ort" kann daher zum einen Raum schaffen, um zur Ruhe zu kommen und abzuschalten und zum anderen das Gefühl der Sicherheit ganz bewusst in den Fokus der Aufmerksamkeit stellen.
Die Übung kann ganz individuell an die Jugendlichen angepasst werden.

„Sicherer Ort"

Stell dir einen Ort vor, an dem du dich sicher und
geborgen fühlst.
Einen Ort, der alles hat, was du brauchst, um dich wohlzufühlen
und zur Ruhe zu kommen.

Es kann sich dabei um einen Ort handeln, den es wirklich gibt
oder einen Ort, der nur in deiner Fantasie existiert.
Es kann einen Moment dauern, bis du diesen einen Ort
gefunden hast.
Es ist gar nicht schlimm, wenn du ein bisschen Zeit brauchst.
Jede*r hat so einen Ort, auch du wirst ihn finden!
Wenn das Bild klarer wird, überlege dir welche Dinge an
deinem Ort auf keinen Fall fehlen dürfen.
Das können Gegenstände, Personen, Tiere oder
auch Gerüche sein.
Prüfe nun, ob du dich mit allen Sinnen wohlfühlst:
Was siehst du? Was hörst du? Was riechst du?
Ist es angenehm? Falls nicht, verändere es, bis es dir gefällt.
Wenn du dich ganz sicher und geborgen fühlst, überlege dir eine
Geste, mit der du in Zukunft immer wieder an deinen sicheren Ort
zurückkehren kannst (z. B. Reiben am linken Ohrläppchen), wenn
du das Bedürfnis nach Ruhe und Entspannung hast.
Du kannst deinen Ort jederzeit wieder besuchen,
er gehört nur dir!

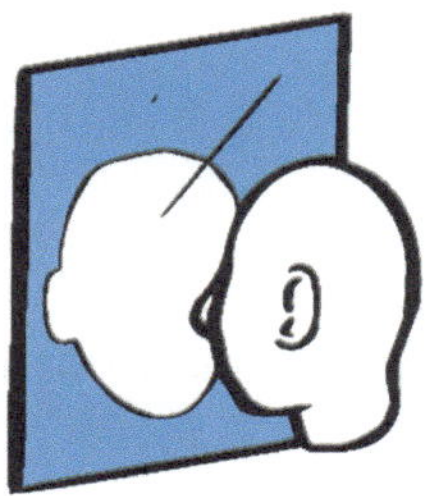

Reflexion

Um Räume der Entspannung und Entlastung in der Praxis zu ermöglichen, kann es zunächst hilfreich sein, sich mit der Anspannung und möglichen Stressoren der Jugendlichen auseinanderzusetzen, um entsprechende Möglichkeiten der Stressvermeidung und -reduktion identifizieren zu können.

Fragen für die selbstreflexive Auseinandersetzung:

- Welche strukturellen Stressoren haben Auswirkungen auf die Jugendlichen?
- Welche personellen Stressoren haben Auswirkungen auf die Jugendlichen?
- Wo sehe ich Möglichkeiten, Stressfaktoren für die Jugendlichen zu reduzieren?
- Wie erkenne ich Anspannung bei den Jugendlichen bzw. wie äußert sich die Anspannung?
- Inwieweit greife ich Stress und Entspannung bei den Jugendlichen in meiner Arbeit auf?
- Wie viel Raum haben die Jugendlichen im Alltag, um abzuschalten und zur Ruhe zu kommen?
- Inwieweit fordern die Jugendlichen diesen Raum ein?

Partizipation

Um Strategien für den Umgang mit Stress und Anspannung entwickeln und bedarfsgerechte Räume für das zur Ruhe kommen implementieren zu können, müssen die Jugendlichen die Chance bekommen, im Gespräch ihre individuellen Stressoren und entsprechenden Bewältigungsmuster zu identifizieren.

Folgende Fragen können den Gesprächseinstieg erleichtern:

- In welchen Situationen fühlst du dich im Alltag unter Druck?
- Was stresst dich? Was bereitet dir Sorgen?
- Wie stark belasten dich deine Sorgen und Ängste?
- Wie gehst du mit ihnen um?
- Wie gut schläfst du?
- Was hilft dir, dich abzulenken?
- Was brauchst du, um dich entspannen zu können?
- In welchen Situationen brauchst du Zeit für dich allein?
- In welchen Situationen wünschst du dir jemanden an deiner Seite?
- Was kann ich tun, um dich zu unterstützen?

III. Bewusstsein und Reflexion

Der folgende Block richtet sich primär an die Fachkräfte und soll Anregungen für die selbstreflexive Auseinandersetzung mit der eigenen Arbeitsweise und der eigenen Haltung bieten. Zu dem Thema Bewusstsein und Reflexion werden folgende Teilaspekte aufgegriffen: Kulturelle Bilder, Intersektionalität, miteinander reden (Alltagsrassismus), Haltung, Beziehung und die eigene Biografie.

Zunächst gilt es sich, bewusst zu machen, dass alle Menschen Vorurteile haben. So sind auch Fachkräfte nicht frei von Stereotypen und stigmatisierenden Bildern, sondern bringen ihre eigenen Werte und Normen mit in die Arbeit ein. Insbesondere in der Beziehung zu jungen geflüchteten Menschen, die immer wieder mit (negativen) Zuschreibungen zu kämpfen haben, ist es wichtig, sich die eigenen Denkmuster bewusst zu machen, um diskriminierendes und pauschalisierendes Verhalten zu vermeiden. Zudem beeinflussen die persönlichen und sozialen Normen auch die Erwartungen, die Fachkräfte an die Jugendlichen haben. Auch hier sollte ein selbstreflexiver Prozess stattfinden, um Anpassungsdruck und Ohnmachtsgefühle auf Seiten der jungen Geflüchteten zu vermeiden.

Die Ergebnisse des Projektes haben gezeigt, dass der Aspekt der Beziehung eine entscheidende Rolle bei der Bewältigung von Übergängen spielt. Geflüchtete Jugendliche brauchen konstante Vertrauenspersonen, mit denen sie über ihre Sorgen und Ängste sprechen können und bei denen sie Unterstützung finden. Um eine tragfähige professionelle Beziehung aufbauen zu können, bedarf es einer intensiven gemeinsamen Auseinandersetzung, in der beidseitige Erwartungen, Vorbehalte und Wünsche geklärt werden können. Der folgende Themenblock soll Ideen zur selbstreflexiven Auseinandersetzung mit der eigenen Haltung sowie darauf aufbauend Anregungen für die Beziehungsgestaltung bieten.

13. Kulturelle Bilder: Welche Stereotype habe ich?

Information

Niemand ist frei von Stereotypen und Vorurteilen, auch wenn wir es gerne anders hätten. Bei Stereotypen handelt es sich um generalisierte Überzeugungen. Personen und Gruppen werden aufgrund bestimmter Merkmale charakterisiert und damit bildlich „in eine Schublade gesteckt". Die Bewertungen (sowohl positive als auch negative) dieser vermeintlich charakteristischen Eigenschaften ohne konkrete Erfahrungen werden als Vorurteile bezeichnet. Stereotype und Vorurteile werden dann problematisch, wenn sie dazu beitragen, gesellschaftliche Machtverhältnisse mit Hilfe von diskriminierenden Zuschreibungen aufrecht zu erhalten oder zu verstärken.

Die Konstruktion der Differenzen zwischen der Dominanzgesellschaft, sprich dem „Wir" und der als „Andere" stereotypisierten Gruppe (z. B. Geflüchtete) manifestiert sich über bewusste und unbewusste Bilder. Wurden diese Differenzen lange Zeit (teilweise auch noch immer) mit Konstruktionen wie „Rassen" begründet, wird heute zunehmen der Begriff der „Kultur" genutzt, um Differenzkategorien zu rechtfertigen (vgl. Petersen 2011). Auch junge geflüchtete Menschen werden damit konfrontiert, dass ihnen bestimmte Charakteristika, Merkmale oder Eigenschaften aufgrund ihrer vermeintlichen „Kultur" zugeschrieben werden. Diese Stereotype sind zumeist verknüpft mit (negativen) Vorurteilen und diskriminierenden Erklärungsmustern. Der Begriff der Kulturalisierung beschreibt das problematische Hervorheben von „Kultur" als Begründung für die Persönlichkeit und das Verhalten einer Person.

Derartige kulturelle Bilder begegnen uns im Alltag ständig. Insbesondere in der Medienlandschaft werden Kulturalisierungen (bspw. zu Marketingzwecken) bestärkt und so zur Normalität. Auch die Darstellung von Geflüchteten in den Medien muss kritisch hinterfragt werden. Häufig werden Menschen auf der Flucht als hilflos und Sozialarbeitende und Ehrenamtliche als barmherzige Helfer*innen dargestellt. Ein solches Bild kann das Machtgefälle in der Beziehung zwischen Adressat*innen und Fachkräften noch verstärken.

In der Arbeit mit jungen Geflüchteten ist es daher essentiell, dass Fachkräfte persönliche Stereotype und Vorurteile reflektieren, um eventuelle Kulturelle Bilder in der Arbeit nicht zu verstärken und diskriminierenden Umgangsweisen vorzubeugen (vgl. von Grönheim et al. 2021).

Aktion

Schauen Sie sich die folgenden Bilder und Plakate[2] genau an und beantworten Sie folgende Fragen:

- Wie werden die Kinder und Jugendlichen auf den Plakaten dargestellt (Kleidung, Umgebung etc.)?
- Wer hilft hier wem?
- Wer wird als „Wir“, wer als „Die Anderen“ konstruiert? Mit welcher Funktion und Bedeutung?
- Wie wird die Beziehung zwischen den Personen dargestellt? Wie ist das Machtgefälle?
- Welche Emotionen werden bei den Betrachtenden erzeugt?
- Welche Stereotype werden durch die Bilder bestärkt und/oder reproduziert?

---

2 Bild 1: Arturo Rodriguez: Touristinnen und Bootsflüchtling am Teijtastrand auf Teneriffa 2007 www.sueddeutsche.de/reise/360-europas-fluechtlingsdrama-menschen-am-strand-1.2249895
Plakat 1: Misereor (o. J.): Spendenaktion: Mit 2€ im Monat helfen. online: www.misereor.de/spenden/spendenaktionen/mit-2-euro-im-monat-helfen
Plakat 2: Caritas international (2015): Sommeraktion 2015. online: www.caritas-international.de/wasunsbewegt/dossierthemen/sommeraktion-2015/download-bereich

In ihrem Film „White Charity" setzen sich Timo Kiesel und Carolin Philipp mit entwicklungspolitischer Spendenwerbung in Deutschland auseinander und unterziehen die Plakate einer rassismuskritischen Analyse (siehe Philipp; Kiesel o. J., www.whitecharity.de). Am Beispiel der Spendenwerbung werden kulturalisierende Zuschreibungen besonders deutlich.

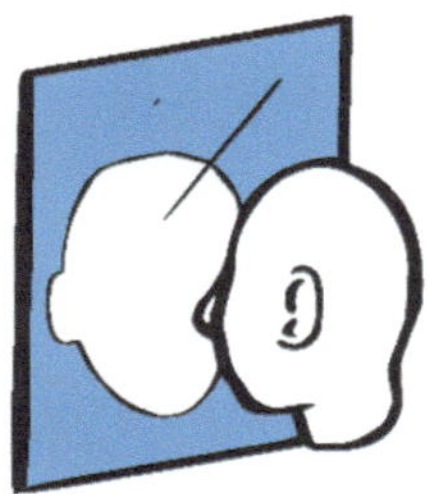

Reflexion

Folgende Fragen können Sie zudem dabei unterstützen, sich mit persönlichen kulturellen Bildern und Stereotypen selbstreflexiv auseinanderzusetzen:

- Kenne ich Beispiele, in denen mit einer zugeschriebenen „Kultur“ das Verhalten von Jugendlichen erklärt wurde? Welche dahinterliegenden Annahmen kann ich anhand dieser Aussagen erkennen?
- Kultur wird in der Sozialen Arbeit eher als Teil der Lebenswelt gesehen. Wie verändert sich die Perspektive auf die Jugendlichen, wenn Kultur mit Nationalität verbunden wird?
- In welchen Kontexten verwende ich selber das Wort „Kultur“?
- Welche Verhaltensweisen und Eigenschaften führe ich in der Arbeit mit den Jugendlichen auf ihre „Kultur“ zurück? Handelt es sich dabei eher um problematische Faktoren oder um Ressourcen?

Partizipation

Gehen Sie mit den Jugendlichen ins Gespräch und setzen Sie sich mit den Erfahrungen auseinander, die sie in Deutschland bisher gemacht haben:

- Mit welchen Vorurteilen wurdest du seit deiner Ankunft in Deutschland konfrontiert?
- Welche Vorurteile nerven dich am meisten?
- Gab es Situationen, in denen Leute dir bestimmte Merkmale aufgrund deiner Herkunft zugeschrieben haben, die gar nicht stimmen? Wenn ja, welche waren das?
- Gab es Situationen, in denen dir unterstellt wurde, dass du „wie alle anderen" Menschen aus deinem Herkunftsland seist? Wenn ja, welche waren das?
- Wie bist du damit umgegangen?
- Wo entdeckst du bei dir selbst Vorurteile gegenüber anderen Menschen?

14. Intersektionalität: Wie hängen verschiedene Diskriminierungsformen zusammen?

Information

Der Begriff der Intersektionalität beschreibt die Verschränkungen und Wechselwirkungen verschiedener Ungleichheit generierender Strukturkategorien und wurde von der Amerikanerin Kimberlé Crenshaw geprägt. Sie kritisierte die US-amerikanische Antidiskriminierungsrechtsprechung unter anderem am Beispiel des Falles DeGraffenreid vs. General Motors. Hier wurde die Tatsache, dass keine Schwarzen Frauen eingestellt wurden weder als rassistische noch als geschlechtsspezifische Diskriminierung anerkannt, da sowohl Schwarze männliche Arbeiter als auch weiße Arbeiterinnen zur Belegschaft zählten.
Kimberlé Crenshaw verwies auf die Tatsache, dass Formen der Diskriminierung nicht additiv aneinandergereiht werden können, sondern in ihren Verschränkungen gedacht werden müssen, am Beispiel einer Straßenkreuzung. So unterstrich sie die Verwobenheit sozialer Ungleichheiten und die Notwendigkeit, die Wechselwirkungen verschiedener Differenzkategorien zusammenzudenken (vgl. Crenshaw 1989). Machtverhältnisse und damit verknüpfte diskriminierende Zuschreibungen können sich also nicht nur auf einzelne Differenzkategorien beziehen, sondern auch auf die Verschränkung verschiedener Differenzkategorien zurückzuführen sein (vgl. Winker, Degele 2009).
Auch junge Geflüchtete werden zumeist mit diskriminierenden Zuschreibungen konfrontiert, die aus der Verschränkung verschiedener Formen der Unterdrückung und Benachteiligung hervorgehen (vgl. von Grönheim et al. 2021). So könnte beispielsweise die Bewerbung einer jungen Frau aus dem Sudan auf einen Ausbildungsplatz als In-

dustriemechanikerin mit der Begründung abgelehnt werden, dass sie nicht die Fähigkeit habe, sich zwischen den anderen zumeist männlichen Auszubildenden zu behaupten, weil sie so zurückhaltend wirke, was bestimmt auf die Unterdrückung durch Männer in ihrem Herkunftsland zurückzuführen sei und sie daher vermutlich nie gelernt habe, für sich einzustehen.

In der Arbeit mit jungen Geflüchteten ist die Auseinandersetzung mit möglichen Überschneidungen und Wechselwirkungen verschiedene Ungleichheiten generierende Strukturkategorien demnach essentiell, um Diskriminierungserfahrungen der Jugendlichen einordnen und eigene Stereotype identifizieren zu können.

Aktion

Schauen Sie sich den TED Talk von Kimberlé Crenshaw zum Thema Intersektionalität im Internet an.

- Titel: „Kimberlé Crenshaw – Die Notwendigkeit der Intersektionalität"
- Link: www.ted.com/talks/kimberle_crenshaw_the_urgency_of_intersectionality?language=de

Reflexion

Nachdem Sie sich den Vortrag von Kimberlé Crenshaw angeschaut haben, stellen Sie sich folgende Fragen:

- Innerhalb welcher Intersektionalitäten bewegen sich die jungen Geflüchteten, mit denen ich arbeite?
- Welche Auswirkungen haben diese Intersektionalitäten?
- Inwieweit bin ich mit dem Thema vertraut?
- Inwiefern greife ich das Thema in meiner Arbeit auf?
- Mit welchen Dimensionen sozialer Ungleichheit werden junge Geflüchtete konfrontiert?
- Welche Auswirkungen hat das auf meine Arbeit?

Partizipation

Die Bedeutung von Intersektionalität kann auch gemeinsam mit den Jugendlichen behandelt werden. Das Thema kann beispielsweise im Rahmen eines Workshops aufbereitet werden, in dem zunächst erklärt wird, wofür Intersektionalität steht. Anschließend kann Raum gegeben werden für Diskussionen und Berichte persönlicher Erfahrungen der Jugendlichen.

Auf diese Weise werden junge Geflüchtete befähigt, ihre eigenen Erfahrungen vor dem Hintergrund gesellschaftlicher und struktureller Machtverhältnisse und der Bedeutung von Verschränkungen und Wechselwirkungen verschiedener Ungleichheit generierender Strukturkategorien einzuordnen und sich gegebenenfalls dagegen zur Wehr zu setzen. Auch eigene intersektionale Denkmuster der Jugendlichen können so aufgedeckt werden.

15. Miteinander reden: Was ist Alltagsrassismus?

Information

Rassismuserfahrungen, die nicht mit Gewalt verbunden sind werden häufig banalisiert und mit dem Verweis auf vermeintliche kulturelle Unterschiede legitimiert (vgl. Guhl 2012). Dabei sind rassistische Deutungsmuster in der Gesellschaft weit verbreitet. Dies zeigt sich beispielsweise daran, dass die Teilhabechancen von Menschen, denen ein Migrationshintergrund zugeschrieben wird in Bereichen wie (Aus-)Bildung, Wohnen oder Arbeit deutlich schlechter sind. So werden Menschen mit Namen, die eine andere Herkunft vermuten lassen auf dem Wohnungs- oder Arbeitsmarkt immer noch benachteiligt (vgl. Schirilla 2016: 40 ff.).

Rassismus ist ein Ausdruck hierarchisierender gesellschaftlicher Machtverhältnisse: Teilhabechancen und Zugehörigkeitsverhältnisse werden anhand von negativen Zuschreibungsprozessen etabliert und legitimiert (vgl. Schramkowski; Ihring 2018: 279). Junge Geflüchtete erfahren daraus resultierende Benachteiligungen beispielsweise im Aufenthaltsrecht oder im Bildungssystem. Darüber hinaus erschwert Alltagsrassismus die Entwicklung eines Zugehhörigkeitsgefühls für Menschen, denen sowohl subtil als auch offensichtlich „Andersartigkeit" zugeschrieben wird (vgl. Yildiz 2016).

Für junge Geflüchtete in der Phase der Adoleszenz, die in ihrem Entwicklungsprozess ständig mit Fragen der identitätsbezogenen Zugehörigkeit und der Abgrenzung konfrontiert sind, stellt die Einordnung von sowie der Umgang mit Alltagsrassismen eine besondere Herausforderung dar. Entscheidend ist hier, die Diskriminierungserfahrungen der Jugendlichen (strukturelle sowie personelle) ernst zu nehmen und eine differenzsensible und rassismuskritische Haltung zu entwickeln.

Aktion

Übung: Was sehe ich?

Diese Übung kann sowohl als Reflexionsübung für Fachkräfte als auch gemeinsam mit den Jugendlichen durchgeführt werden. (Wichtig: Die Karte erst umdrehen, wenn die folgende Frage stichpunktartig für alle drei Bilder beantwortet wurde.): Was siehst du? Was sehen Sie?

Hinweis: Die Übung findet sich zum Ausdruck in den Online-Materialien.

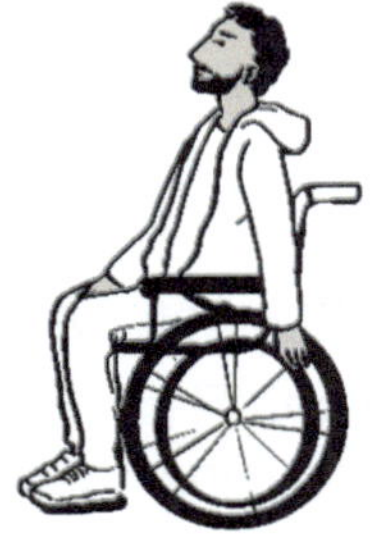

Bild 1: Das ist Paul. Paul ist 29 Jahre alt und ist in Deutschland geboren. Er lebt gemeinsam mit seiner Familie in Köln. Seine Großeltern kamen aus Ghana nach Deutschland. Paul hat keine Verwandten mehr in Ghana. Er selbst war noch nie in Ghana. Paul hat die deutsche Staatsangehörigkeit.

Bild 2: Das ist Hassan. Hassan war früher ein erfolgreicher Fußballspieler. Er hat gemeinsam mit seinem Team viele große Turniere gewonnen. Vor zwei Jahren hatte Hassan einen Autounfall und sitzt seitdem im Rollstuhl.

Bild 3: Das ist Rita. Rita ist Christin. Sie trägt eigentlich kein Kopftuch, sie hat es sich nur für eine Cabriofahrt umgelegt.

Warum wird Paul als „schwarz“ beschrieben, aber Rita nicht als „weiß“?
Warum beschreibt man den Rollstuhl, lässt aber die Tatsache, dass die anderen Personen nicht im Rollstuhl sitzen, aus?[3]

3 Methode angelehnt an „Was sehe ich?“ Woldu, Samson; Thimm, Muriel; Mrad, Tamara 2020, S. 36 f.

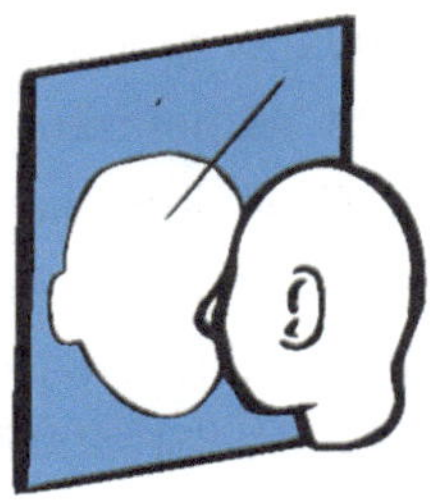

Reflexion

Anhand der „Aktion" wird deutlich, dass bestimmte äußerliche Merkmale häufig mit den Charakteristika der „Mehrheitsgesellschaft" abgeglichen werden. Weichen diese ab, so werden sie als „anders" wahrgenommen und bei der Beschreibung aufgegriffen. Derartige Zuschreibungen passieren im Alltag und können schnell zu Stereotypisierungen (und bei negativen Zuschreibungen zu Alltagsrassismus) führen, wenn sie nicht reflexiv hinterfragt werden.

Hier finden Sie Fragen zur Selbstreflexion, um eigene stereotypisierende Denkmuster aufzudecken und zu durchbrechen:

- Wann haben Sie zum ersten Mal bewusst wahrgenommen, dass Sie eine „Hautfarbe" haben?
- Welche Privilegien haben Sie Ihrer Meinung nach aufgrund Ihrer „Hautfarbe", Ihres Passes oder Ihrer Herkunft im Vergleich zu anderen?
- Verstehen Sie Rassismus eher als Randphänomen oder als allgemeines Problem der Mitte der Gesellschaft?

Seien Sie mutig: Tauschen Sie sich im Kollegium über Erlebnisse aus, bei denen Sie selber diskriminierende Zuschreibungen gemacht haben.

Partizipation

In der Arbeit mit jungen Geflüchteten sind Diskriminierungserfahrungen und Rassismus keine Einzelphänomene. Rassismus prägt und strukturiert das gesellschaftliche Zusammenleben weltweit in Form von Macht- und Herrschaftsverhältnissen. Für eine professionelle Haltung und Zusammenarbeit ist es daher wichtig, Diskriminierungserfahrungen ernst zu nehmen und über sie zu reden, um Rassismen erkennen zu können, ohne Menschen auf ihre Rassismuserfahrungen zu reduzieren.

Hier finden Sie Anregungen, um mit den Jugendlichen ins Gespräch zu gehen:

- Was verstehst du unter Diskriminierung und Rassismus?
- Hast du selbst schon einmal Erfahrungen mit Diskriminierung oder Rassismus gemacht?
- Wo wirst du im Alltag diskriminiert?
- Wo erlebst du Rassismus im Alltag?
- Hattest du schon mal das Gefühl, aufgrund deines Aussehens, deines Glaubens, deiner Herkunft etc. benachteiligt zu werden? Wenn ja, in welcher Situation?
- Wie gehst du mit Diskriminierungserfahrungen um?
- Was brauchst du in dieser Situation?
- Was können wir gegen Diskriminierung und Rassismus tun?
- Was möchtest du tun?

16. Haltung: Nicht wer, sondern was ist das Problem?[4]

Information

Die Arbeit mit jungen geflüchteten Menschen erfordert eine kritisch-reflexive Haltung, sprich die kontinuierliche professionelle Auseinandersetzung mit Macht in Arbeitsbeziehungen und insbesondere auch mit gesellschaftlichen und strukturellen Machtverhältnissen und ihren Auswirkungen auf die Jugendlichen. Die strukturellen Rahmenbedingungen müssen als wesentliche Einflussfaktoren auf soziale Probleme erkannt und reflektiert werden (vgl. Staub-Bernasconi 2007: 395).
Sowohl im Asyl- als auch im Bildungssystem und in der Jugendhilfe werden die Jugendlichen immer wieder mit pauschalisierenden, teilweise sogar diskriminierenden strukturellen Rahmenbedingungen konfrontiert. Fachkräfte bewegen sich in der Arbeit mit jungen Geflüchteten häufig in einem Spannungsfeld zwischen ethischen Prinzipien und strukturellen Ungerechtigkeiten, zwischen Empowerment und Anpassungsdruck. Es gilt, die Individualisierung struktureller oder gesamtgesellschaftlicher Probleme sowie individuelle Schuldzuschreibungen bei Problemen, die auf strukturelle Missstände zurückzuführen sind, zu vermeiden. (vgl. von Grönheim et al. 2021) Dies erfordert eine kritisch-reflexive Haltung seitens der Fachkräfte.
Sind Jugendliche beispielsweise resigniert oder fehlt ihnen die Motivation beim Lernen für die Schule, muss dies nicht immer persönliche

4 Zu diesem Thema wurden keine Aktions- und Partizipationsübung konzipiert, da es hier primär um den selbstreflexiven Prozess der Fachkräfte und die Bewusstmachung der eigenen Haltung gehen soll.

Ursachen haben. Dieses Verhalten könnte auch die Folge fehlender Zukunftsperspektiven durch eine unsichere Bleibeperspektive oder durch die Unmöglichkeit, den eigenen Berufswunsch im Rahmen des Bildungssystems zu verwirklichen sein.

Darüber hinaus besteht in der Arbeit mit jungen Geflüchteten die Gefahr, in paternalistische Verhaltensmuster zu gleiten und die Jugendlichen übermäßig zu lenken und zu bevormunden (vgl. von Grönheim et al. 2021).

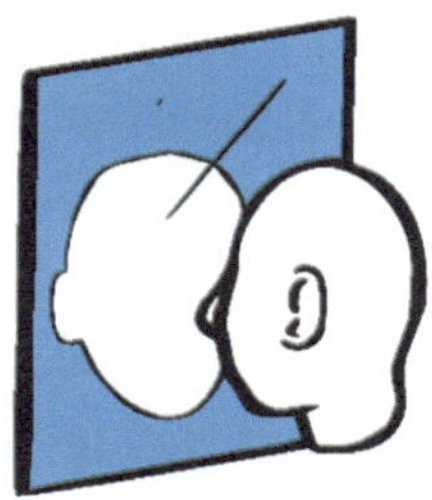

Reflexion

In der Arbeit mit jungen Geflüchteten ist es wichtig, den Blick immer wieder auch auf die strukturellen Realitäten zu legen, in denen junge Geflüchtete leben. In herausfordernden Situationen kann es daher helfen, den Fokus zu verändern und sich die Frage zu stellen:

„Nicht wer, sondern was ist das Problem?"

- Welche Verhaltensweisen auf Seiten der Jugendlichen wiederholen sich in der Arbeit?
- Worauf führe ich diese Verhaltensweisen zurück?
- Welche Strukturen sehe ich als problematisch an?
- Wie gehe ich in meiner Arbeit damit um?
- Wann individualisiere ich strukturelle Problemlagen?
- In welchen Situationen begründe ich mein Handeln mit dem „Wissen" darum, was für die Jugendlichen am besten ist?

17. Beziehung: Wie nah kommen wir uns?

Information

Nähe und Distanz sind in der professionellen Beziehungsgestaltung zwei allseits präsente Stichworte. Häufig wird die Fähigkeit „Distanz zu wahren" und „sich abzugrenzen" als essentieller Bestandteil einer professionellen Haltung in den Vordergrund gestellt. Aus der Perspektive junger geflüchteter Menschen stellt die Beziehung und die Nähe zu Fachkräften (insbesondere bei unbegleiteten Jugendlichen) jedoch eine der wenigen Möglichkeiten dar, in der fremden Umgebung soziale Kontakte in einer familienähnlichen Konstellation aufzubauen. Die Jugendlichen äußern ein eindeutiges Bedürfnis nach konstanten Vertrauenspersonen, die ihnen Sicherheit und Orientierung bieten (vgl. von Grönheim et al. 2021). In der Arbeit mit jungen Geflüchteten spielt demnach die Fähigkeit Nähe zuzulassen eine entscheidende Rolle und sollte auch im Rahmen der professionellen Auseinandersetzung mit dem Thema Distanz stets mitgedacht und mitberücksichtigt werden.
In die Beziehungsarbeit mit jungen Geflüchteten fließen neben individuellen Faktoren auch zahlreiche zielgruppenspezifische Faktoren mit ein. Viele der Jugendlichen haben vor und auf ihrer Flucht Beziehungsabbrüche und Vertrauensmissbrauch erlebt und somit Schwierigkeiten, sich auf neue Beziehungen einzulassen und sich anzuvertrauen (vgl. Becke 2017: 82 ff.).
In der Arbeit mit jungen unbegleiteten Geflüchteten muss zudem beachtet werden, dass in der Regel keine Rückführung in die Kernfamilie möglich ist. Dies stellt einen wichtigen Aspekt bei der Beziehungsgestaltung dar. Junge Geflüchtete sind auf Unterstützer*innen angewiesen, denen sie sich anvertrauen können und die sowohl bei der Bewäl-

tigung von Herausforderungen als auch bei Erfolgserlebnissen an ihrer Seite stehen.
Fachkräfte bewegen sich hier in einem Spannungsfeld zwischen den Bedürfnissen der Zielgruppe und den eigenen Bedürfnissen in der Beziehungsgestaltung. Sie sollten den Jugendlichen daher ein individuelles bindungsorientiertes Beziehungsangebot machen, das in besonderem Maße auf Vertrauen und Konstanz ausgerichtet und gleichzeitig authentisch in Bezug auf die eigene Persönlichkeit ist. Transparenz ist hier ein entscheidender Faktor. Sowohl die Jugendlichen als auch die Fachkräfte sollten im Rahmen der Beziehungsgestaltung Grenzen und Bedürfnisse offen kommunizieren können.

Aktion

Die Auseinandersetzung mit dem Thema Beziehungsarbeit kann beispielsweise im Rahmen einer Teamsitzung erfolgen.

Unter der Überschrift „Wie wollen wir Beziehungsarbeit mit den Jugendlichen leisten?“

kann eine Diskussion zu den Themen ...

- Nähe und Distanz
- Professionelle Haltung
- Vertrauen
- Unterschiede zwischen „klassischen“ Jugendhilfebedarfen und den Bedarfen junger geflüchteter Menschen

... etc. erfolgen.

Anschließend können die Ergebnisse im Rahmen eines Konzeptes festgehalten werden und als Orientierungsrahmen für die praktische Arbeit dienen.

Reflexion

Folgende Fragen können Anregungen bieten, um sich selbstreflexiv (oder im Team) mit dem Thema Beziehungsgestaltung auseinanderzusetzen:

- Welche Rolle nehme ich in der Beziehung mit den Jugendlichen ein?
- Welche Bedürfnisse bringen die Jugendlichen in die Beziehung ein?
- Welche Bedürfnisse bringe ich in die Beziehung ein?
- Inwiefern unterscheidet sich für mich die Beziehungsarbeit mit unbegleiteten Minderjährigen von der mit ‚deutschen' Jugendlichen in der Jugendhilfe?
- Wie viel Raum haben persönliche Gespräche?
- Welche Themen sind tabu?
- Wann wird es mir zu nah?
- Wann wird der Abstand zu groß?

Partizipation

Die Beziehungsgestaltung sollte an die individuellen Bedürfnisse der Jugendlichen angepasst sein. Es ist daher entscheidend, in die gemeinsame Auseinandersetzung zu gehen und sich die Frage zu stellen:

„Wie nah kommen wir uns?“

Dabei können folgende Fragen helfen:

- Was brauchst du in unserer Beziehung?
- In welchen Situationen fühlst du dich von mir allein gelassen?
- In welchen Situationen bin ich eine Unterstützung für dich?
- Was ist für dich Tabu?
- Wie möchtest du unsere Beziehung gestalten?

18. Eigene Biografie: Mit welchem Rucksack begegne ich dir?[5]

Information

Fachkräfte bringen ihre Persönlichkeit und ihre Erfahrungen direkt und indirekt mit in die Arbeit ein. Innerhalb der Beziehung zwischen Fachkräften und jungen Geflüchteten treffen Personen aufeinander, die in völlig individuelle Lebenswelten und Lebensrealitäten eingebunden und deren individuelle Werte und Normen als Grundlage für ihr Handeln biografisch gewachsen sind. Eine professionelle Haltung erfordert die Anerkennung und Wertschätzung der Erfahrungen und Lebenswelten anderer und die Anerkennung der eigenen Erfahrungen und der eigenen Lebenswelt als Bestandteil professionellen Handelns. Kritische Reflexion erfordert ein Bewusstsein dafür, „dass die eigenen Norm- und Wertvorstellungen nicht zum Maßstab für das Denken und Handeln der Klient*innen gemacht werden können" (Ebert; Klüger 2017: 22). Im Sinne der biografischen Selbstreflexion sollen die persönlichen Norm- und Wertvorstellungen als Hintergrundfolie für das eigene Handeln begriffen und die direkte Übertragung auf das Leben der Jugendlichen vermieden werden (vgl. Ebert 2012: 51 ff.). Da in Arbeitsbeziehungen stets ein Machtgefälle zwischen Fachkräften und Adressat*innen besteht, ist es besonders wichtig, die eigenen Vorstel-

5 Zu diesem Thema wurden keine Aktions- und Partizipationsübung konzipiert, da die Fachkräfte sich hier selbstreflexiv mit ihrem Werdegang und ihren Erfahrungen, sowie deren Auswirkungen auf ihre Arbeit, auseinandersetzen sollen. Es bleibt den Fachkräften selbst überlassen inwieweit sie diesen Prozess mit den Jugendlichen teilen möchten.

lungen, Erwartungen und Anteile identifizieren und kritisch reflektieren zu können (vgl. Ebert, Klüger 2017: 85).

Besonders in der Arbeit mit jungen Geflüchteten, die in ihrem Alltag zumeist mit zahlreichen strukturellen und gesellschaftlichen Zuschreibungen konfrontiert werden, ist es sehr wichtig, den eigenen „biografischen Rucksack“ als Fachkraft zu reflektieren und zu analysieren, um persönliche Norm- und Wertvorstellungen sowie eigene Erwartungen nicht direkt oder indirekt auf die Jugendlichen zu übertragen (vgl. von Grönheim et al. 2021).

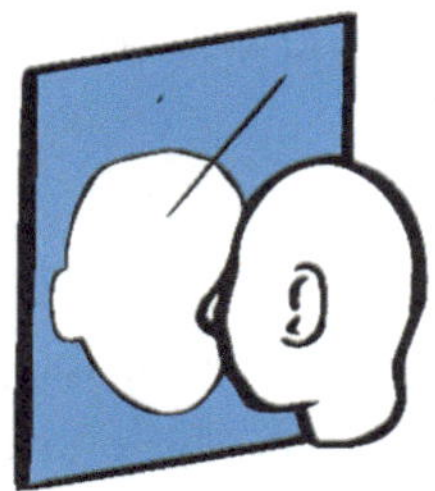

Reflexion

Folgende Fragen können als Orientierung für die selbstreflexive Auseinandersetzung dienen:

- Welche Normen und Werte bringe ich in die Arbeit mit ein?
- Aus welchem sozialen Kontext komme ich?
- Welche Erwartungen wurden im Jugendalter an mich gestellt?
- Welche Erwartungen stelle ich an die Jugendlichen?
- Welche Bewältigungsstrategien wurden mir im Umgang mit Herausforderungen vermittelt?
- Welche Bewältigungsstrategien vermittle ich den Jugendlichen?
- Was verbinde ich mit dem Thema Flucht?

Schlussbemerkung

Das Forschungsprojekt JuFlu hat einmal mehr gezeigt, dass die Haltung der Fachkräfte neben ihrem Wissen und Können eine entscheidende Rolle in der Sozialen Arbeit spielt. Insbesondere Phasen der Übergänge können bei jungen geflüchteten Menschen Gefühle der Unsicherheit und der Ohnmacht auslösen. Fachkräfte leisten hier bedeutsame Stabilisierungsarbeit durch den Aufbau vertrauensvoller Beziehungen. Selbstreflexion bildet dabei eine grundlegende Kernkompetenz, wie etwa bei der Vermeidung unbewusster Übertragungen der Vorstellungen vom gelingenden Leben seitens der Fachkräfte auf das Leben der Jugendlichen.

Fachkräfte unterstützen junge Geflüchtete bei der Bewältigung von Übergängen vor allem dadurch, dass sie die individuellen Bedarfe und Bedürfnisse der Jugendlichen in den Mittelpunkt stellen und sie partizipativ an allen sie betreffenden Entscheidungsprozessen beteiligen.

Wir bedanken uns bei allen Fachkräften, die ihre Erfahrungen in diesem Arbeitsfeld mit uns geteilt haben und sind inspiriert von der bedingungslosen Wertschätzung, mit der sie den jungen Menschen begegnen, von den kreativen Ansätzen, mit denen sie scheinbar unüberwindbare Probleme lösen und von ihrem teils unermüdlichen Einsatz für soziale Gerechtigkeit.

Wir wünschen Ihnen weiterhin viel Erfolg bei dieser wichtigen Arbeit. Wir freuen uns, wenn wir mit diesem Methodenbuch zusätzliche Anregungen für Ihre Praxis geben konnten.
Und auch über Feedback zu diesem Methodenbuch freuen wir uns!

Glossar

Adoleszenz
Die Adoleszenz beschreibt die Entwicklungsphase zwischen Kindheit und Erwachsenenalter. Sie ist geprägt von zentralen psychosozialen und physischen Entwicklungsprozessen und beinhaltet zahlreiche strukturelle und emotionale Übergänge.

Ausbildungsdruck
Insbesondere jungen geflüchteten Menschen mit einem unsicheren Aufenthaltsstatus wird häufig dazu geraten, eine Ausbildung zu machen, da sie in dieser Zeit eine Ausbildungsduldung bekommen und so ihren Aufenthalt für die Dauer der Ausbildung sichern können. Eine einseitige Fokussierung auf die Ausbildung als aufenthaltssichernden Faktor kann jedoch dazu führen, dass andere Möglichkeiten nicht mehr in Betracht gezogen werden und die Jugendlichen sich gedrängt fühlen, diesen Bildungsweg einzuschlagen oder das Gefühl vermittelt bekommen, dass es keine Alternativen dazu gibt.

Diskriminierungsformen
Strukturelle Diskriminierungsformen finden nicht nur auf der individuellen zwischenmenschlichen Ebene statt, sondern sind strukturell, d. h. rechtlich, kulturell und auch institutionell verankert. Beispiele struktureller Diskriminierungsformen sind: Rassismus, Sexismus, Klassismus, Ableismus (Diskriminierung von Menschen mit Behinderungen), Antisemitismus, Antiromaismus, Lookismus (Diskriminierung aufgrund des äußeren Erscheinungsbildes), Heterosexismus, Transmiseoismus, Ageismus oder Adultismus (Diskriminierung aufgrund eines hohen oder jungen Alters).

Dominanzgesellschaft
Der Begriff der Dominanzgesellschaft weist auf manifeste Macht- und Herrschaftsbedingungen unseres heutigen Zusammenlebens hin. Der Begriff betont, im Gegensatz zu dem der Mehrheitsgesellschaft, dass nicht zahlenmäßige Mehrheiten über die Verteilung von Privilegien und Ressourcen entscheiden, sondern die Macht bestimmter konstruierter Gruppen.

Empowerment
Der Begriff Empowerment stellt einen Ansatz in der psychosozialen Arbeit da, nach dem Menschen dabei unterstützt werden sollen, sich Selbstbestimmung und Autonomie (wieder-)anzueignen. Die Stärken der Individuen sollen dabei in den Vordergrund gestellt und in Prozessen der Selbstbefähigung anwendbar gemacht werden.

Hybride Identitäten
Menschen verfügen über hybride Identitäten, wenn sie sich zwei oder mehreren kulturellen Räumen gleichzeitig zugehörig fühlen. Sie entscheiden im Rahmen von Abgrenzungs- und Anpassungsprozessen, welche Werte und Normen sie aus welchen Bereichen für sich annehmen und welche sie verwerfen möchten.

Integration
Der Integrationsbegriff beschreibt die Eingliederung von Menschen mit Migrationserfahrungen, die im Integrationsdiskurs zumeist als „die Anderen" dargestellt werden, in die Gesellschaft, die als „Wir" dargestellt wird. In der Asylpolitik ist Integration vor allem gleichgesetzt mit Arbeitsmarktintegration und finanzieller Unabhängigkeit. Das Integrationskonzept neigt dazu, Unterschiede zu betonen und Anpassungsprozesse zu verlangen. Aufgrund dieses versteckten Assimilationsdruckes wird dieser Begriff in der Migrationsforschung inzwischen kritisch gesehen. Auch wir lehnen den Begriff der Integration ab.

Intersektionalität
Der Begriff der Intersektionalität beschreibt die Überschneidungen und Wechselwirkungen verschiedener → Diskriminierungsformen.

Kultur
„Interkulturell ist etwas, das sich zwischen unterschiedlichen Lebenswelten ereignet oder abspielt." (Bolten 2012: 39) Der Begriff der Kultur beschreibt nach Bolten die soziale Lebenswelt der Menschen, darunter fallen etwa Gemeinsamkeiten von Gruppe hinsichtlich Interesse (z. B. Musikgeschmack) oder Verhaltensregeln (z. B. Fachjargon). Kultur ist damit zumeist unsichtbar und nicht identisch mit Nationalität. Die fremdbestimmte Gleichsetzung von Nationalität oder Religion mit Kultur wird auch als →Kulturalisierung bezeichnet.

Kulturalisierung
Unter Kulturalisierung verstehen wir Prozesse diskriminierender Zuschreibungen auf Grundlage einer zugeschriebenen Kultur. Nicht selten ist dieses Kulturverständnis eine Nachfolge des ehemaligen Rassebegriffs. Menschen werden dabei pauschalisierend Persönlichkeitsmerkmale zugeordnet, die scheinbar untrennbar mit ihrer Herkunft, Hautfarbe oder Religion verknüpft sind.

Lebenswelt
Der Begriff der Lebenswelt in der Sozialen Arbeit umfasst die subjektive Wahrnehmung der Umgebung sowie deren ‚objektive' Rahmenbedingungen. Sie bezeichnet somit die subjektiv wahrgenommene Welt eines Menschen.

Othering
Der Begriff des Othering geht auf Gayatri Chakravorty Spivak zurück und beschreibt die Konstruktion von Menschen als „Andere“ zur Abgrenzung und Unterscheidung vom „Wir“. Somit distanziert sich das „Wir“ von „den Anderen“ und wertet sie ab. Diese Abwertung der „Anderen“ dient in erster Linie der Betonung der eigenen Überlegenheit und der Legitimation des eigenen privilegierten Status.

Parentifizierung
Parentifizierung beschreibt die Übernahme der Elternrolle durch die Kinder, sprich die überfordernde Übernahme nicht-kindgerechter, elterlicher Verantwortung und Aufgaben.

Peers
Peers oder Peer Groups beschreiben Gruppen von gleichaltrigen oder gleichgesinnten Personen, die wichtige Erfahrungsräume im Sozialisationsprozess von Kindern und Jugendlichen darstellen. Das Zugehörigkeitsgefühl steht hier im Vordergrund.

Rassismuskritik
Rassismuskritik nimmt im Vergleich zu früheren, etwa anti-rassistischen Ansätzen einen Perspektivwechsel vor. Nicht mehr die von Rassismus Betroffenen stehen im Fokus, sondern vielmehr die Orte und Räume (inkl. Sprache), in denen Rassismus entsteht und reproduziert wird. Rassismus wird im rassismuskritischen Verständnis als Gesellschaftsphänomen verstanden, welches alle Menschen einer Gesellschaft betrifft. Anders als die alte Verortung von Rassismus als Randphänomen Rechtsextremer oder Ewiggestrigen, sind in der rassismuskritischen Perspektive alle Menschen aufgefordert, sich selbst zu fragen, wo sie selber rassistische Bilder, Mythen, Sprache und Vorursteile verwenden und damit am Leben erhalten und wo sie der sozialen Normalisierung von Rassismus etwas entgegensetzen können.

Schwarz
Schwarz-Sein bezieht sich nicht auf die tatsächliche Hautfarbe, sondern ist eine Selbstbeschreibung von Menschen, die sich in einer von Rassismus betroffenen gesellschaftlichen Position befinden. Es handelt sich somit um ein konstruiertes Zuordnungsmuster, das mit der Erfahrung verknüpft ist, auf bestimmte Art und Weise wahrgenommen zu werden.

Selbstwirksamkeit
Selbstwirksamkeit beschreibt die Überzeugung, durch die eigenen individuellen Ressourcen Aufgaben, die man sich vornimmt, erfolgreich bewältigen zu können. Die Selbstwirksamkeit bzw. die Selbstwirksamkeitserwartung ist zentral für die eigene Handlungsfähigkeit.

Strukturkategorien
Bei Strukturkategorien handelt es sich um konstruierte soziale Kategorien, die Menschen im Rahmen von Fremdzuschreibungen zugewiesen werden. Dazu zählen beispielsweise Geschlecht, ,Hautfarbe', sexuelle Orientierung etc. Diese Kategorien basieren auf den jeweils gültigen Normen einer Gesellschaft und dienen dazu, Macht- und Herrschaftsverhältnisse aufrecht zu erhalten.

Trauma
Ein Trauma beschreibt hier eine schwere seelische Verletzung, die zumeist auf ein außergewöhnlich belastendes Erlebnis zurückzuführen ist und aufgrund einer Überforderung nicht bewältigt werden konnte.

Übergang bzw. Transition
Lebensereignisse, die auf mehreren Ebenen bewältigt werden müssen und als Wandel in der Identitätsentwicklung wahrgenommen werden, werden als Übergänge, bzw. Transitionen bezeichnet.

Weiß
Auch ,weiß' bzw. ,Weißsein' bezieht sich nicht auf die reelle Hautfarbe, sondern auf die politische und soziale Position. ,Weiße Menschen' befinden sich in einer dominanten privilegierten Position innerhalb gesellschaftlicher Machtverhältnisse. Weißsein ist Teil des Identitätskonzeptes und hat maßgeblichen Einfluss beispielsweise auf den Zugang zu Ressourcen. Trotzdem bleiben diese Position und ihre Konsequenzen häufig unreflektiert.

Zuschreibungen
Diskriminierende Zuschreibungen basieren auf Stereotypen und Vorurteilen. Menschen werden etwa bestimmte Eigenschaften aufgrund bestimmter Merkmale zugeschrieben. Eine weit verbreitete Zuschreibung ist die Annahme deutsch = weiß. Für eine Diskriminierungserfahrung ist es dabei unerheblich, ob die Zuschreibung wahr oder unwahr ist. Wird bspw. eine Frau aufgrund ihrer Kurzhaarfrisur heterosexistisch oder ein Mann aufgrund seiner Hautfarbe ausländerfeindlich beleidigt, bleibt die Erfahrung unabhängig ihrer tatsächlichen sexuellen Orientierung oder seiner tatsächlichen Nationalität real.

Literaturverzeichnis

Becke, Sophia (2017): Bindungsorientierte pädagogische Arbeit mit jungen Geflüchteten, in: Qindeau, Ilka; Rauwald, Marianne (Hrsg.): Soziale Arbeit mit unbegleiteten minderjährigen Flüchtlingen: Traumapädagogische Konzepte für die Praxis. Weinheim, Basel. S. 77-93

Breithecker, Renate (2018): Elternarbeit mit abwesenden Eltern. JAmt Heft 7-8 2018 S. 304-308

Caritas (2018): Fact Sheet. Begriffserklärung Integration und Inklusion. online: www.dbk.de/fileadmin/redaktion/microsites/fluechtlingshilfe/Caritas_Factsheet_Begriffsklaerung_Integration_Inklusion.pdf

Correll, L., Kassner K. u. Lepperhoff, J. (2017). Integration von geflüchteten Familien. Handlungsleitfaden für Elternbegleiterinnen und Elternbegleiter (2. überarb. Aufl.). Kompetenzteam „Frühe Bildung in der Familie", Evangelische Hochschule Berlin (Hrsg.). [Download] am 12.06.2020 von www.elternchance.de/fileadmin/elternchance/dokumente/handlungs-leiVaden-elternbegleiterfluechtlinge-data

Crenshaw, Kimberlé (1989): Demarginalizing the Intersection of Race and Sex: A Black Feminist Critique of Antidiscrimination Doctrine, Feminist Theory and Antiracist Politics. University of Chicago Legal Forum. Volume 8. S. 139-167

Degele, Nina; Winker, Gabriele (2007): Intersektionalität als Mehrebenenanalyse, online: www.soziologie.uni-freiburg.de/personen/degele/dokumente-publikationen/intersektionalitaet-mehrebenen.pdf/view

Detemple, Katherina (2013): Zwischen Autonomiebestreben und Hilfebedarf, Unbegleitete minderjährige Flüchtlinge in der Jugendhilfe, Baltmannsweiler.

Ebert, Jürgen (2012): Reflexion als Schlüsselkategorie professionellen Handelns in der Sozialen Arbeit. Hildesheim

Ebert, Jürgen; Klüger, Sigrun (2017): Im Mittelpunkt der Mensch – Reflexionstheorien und -methoden für die Praxis der Sozialen Arbeit. Hildesheim

Foroutan N. (2013) Hybride Identitäten. In: Brinkmann H., Uslucan HH. (Hrsg.): Dabeisein und Dazugehören. Wiesbaden.

Gonzalez Mendez de Vigo, Nerea/Karpenstein, Johanna/Schmidt, Franziska (2017): Junge Geflüchtete auf dem Weg in ein eigenverantwortliches Leben begleiten. Ein Leitfaden für Fachkräfte. Bundesfachverband Unbegleitete Minderjährige Flüchtlinge e.V.)(Hrsg.), Berlin

Graf, Frank (2001): Parentifizierung. Die Last, als Kind die eigenen Eltern zu bemuttern. In: Sabine Walper, Reinhard Pekrun (Hrsg.): Familie und Entwicklung. Aktuelle Perspektiven der Familienpsychologie. Göttingen

Griebel, Wilfried; Niesel, Renate (2011): Übergänge verstehen und begleiten. Transitionen in der Bildungslaufbahn von Kindern. Berlin

Grönheim, Hannah von; Paulini, Christa; Seeberg, Jelena (2021): „Gib nicht auf, irgendwann erreichst du deine Ziele!" Übergänge begleiten, junge Geflüchtete stärken. Soziale Arbeit und Gesundheit im Gespräch, Hildesheim (im Erscheinen)

Guhl, J. (2012): Wie Sozialarbeitende zu Diskriminierung beitragen. Kritische Gedanken zum Kulturbezug in der Sozialen Arbeit. SozialAktuell (6), (S. 20-22).

Hargasser, Brigitte (2016): Unbegleitete minderjährige Flüchtlinge. Sequentielle Traumatisierungsprozesse und die Aufgaben der Jugendhilfe. (3. Auflage) Brandes&Apsel Verlag: Frankfurt am Main.

Heite, Catrin (2010): Anerkennung von Differenz in der Sozialen Arbeit. Zur professionellen Konstruktion des Anderen, in: Kessel, Fabian; Plößer, Melanie (Hrsg.): Differenzierung, Normalisierung, Andersheit. Soziale Arbeit als Arbeit mit den Anderen. Wiesbaden. S. 187-200

Herriger, Norbert (2020): Empowerment in der Sozialen Arbeit. Eine Einführung. Stuttgart-Vaihingen

Jansen, Irma; Zander, Margherita (2019): Resilienz – Ressourcen – Biografie. Bezugsrahmen für die Unterstützung von geflüchteten Menschen, in: Jansen, Irma; Zander Margherita (Hrsg.): Unterstützung von geflüchteten Menschen über die Lebensspanne. Ressourcenorientierung, Resilienzförderung, Biografiearbeit. Weinheim, Basel, S. 61-75

Klingenberger, Hubert (2020): Was ist Biografiearbeit?, in: Auer, Hansjörg; Hirtler-Rieger, Gesine; Ramsauer, Erika; Ruhland, Silvia (Hrsg.): 77 Impulse und Methoden Biografiearbeit. Mutmacher für ein Leben in Vielfalt und Wertschätzung. Weinheim, Basel, S. 13-15

Lechner, Claudia/Huber, Anna/Holthusen, Bernd (2016): Geflüchtete Jugendliche in Deutschland. In: DJI-Impulse. Ankommen nach der Flucht. Wie Kindern und Jugendlichen der Neuanfang in Deutschland gelingt. Nr. 114, H. 3, S. 14-18

Lechner, Claudia; Huber, Anna (2017): Ankommen nach der Flucht. Die Sicht begleiteter und unbegleiteter junger Geflüchteter auf ihre Lebenslagen in Deutschland. München. online: www.dji.de/fileadmin/user_upload/bibs2017/25854_lechner_huber_ankommen_nach_der_flucht.pdf

Mecheril, Paul; Melter, Claus (2011): Rassismus als machtvolle Unterscheidungspraxis. Weinheim

Paulus, M. (2020). Kinder mit Fluchterfahrung schützen, fördern und beteiligen. Empfehlungen zur Gestaltung entwicklungsfördernder Lebensbedingungen für Kinder und Familien mit Fluchterfahrung. Sozial Extra, 44 (1), 40-43.

Petersen, Lars-Eric (2011). Stereotype, Vorurteile und soziale Diskriminierung, in H.-W. Bierhoff & D. Frey (Hrsg.): Sozialpsychologie – Individuum und soziale Welt (S. 233-252). Göttingen

Philipp, Carolin; Kiesel, Timo (o. J.): White Charity. Schwarzsein und Weißsein auf Spendenplakaten. online: www.whitecharity.de/de/home/

Rommelspacher, Birgit (1995): Dominanzkultur. Texte zu Fremdheit und Macht. Berlin

Schearer, Jamie; Haruna, Hadija (2013): Über Schwarze Menschen in Deutschland berichten, Blogbeitrag, 2013, http://isdonline.de/uber-schwarze-menschen-indeutschland-berichten

Schiepek, G.; Cremers, S. (2003): Ressourcenorientierung und Ressourcendiagnostik in der Psychotherapie, in: Schemmel, H.; Schaller, J. (Hrsg.): Ressourcen. Ein Hand- und Lesebuch zur therapeutischen Arbeit. Tübingen. (S. 147-193)

Schirilla, N. (2016): Migration und Flucht. Orientierungswissen für die Soziale Arbeit. Stuttgart

Schramkowski, Barbara; Ihring, Isabelle (2018): Alltagsrassismus. (K)ein Thema für die Soziale Arbeit, in: Blank, B. et al. (Hrsg.): Soziale Arbeit in der Migrationsgesellschaft. Wiesbaden, S. 279-290

Schubert, Franz-Christian (2018): Ressourcendiagnostik, in: Wälte, D.; Borg-Laufs, M. (Hrsg.): Psychosoziale Beratung. Grundlagen – Diagnostik – Intervention. Stuttgart. S. 113-129

Schubert, Franz-Christian; Rohr, Dirk; Zwicker-Pelzer, Renate (2019): Beratung. Grundlagen – Konzepte – Anwendungsfelder. Wiesbaden

Sleijpen, M./ter Heide, F. J. J./Mooren, T./Boeije, H. R./Kleber, R. J. (2013): Bouncing forward of young refugees: A perspective on resilience research directions. European Journal of Psychotraumatology,4, article ID 2024

Spivak, Gayatari Chakravorty (1985): The Rani of Sirmur: An Essay in Reading the Archives, in History and Theory, 24(3), 1985, S. 247-272.

Stadler, Christian; Kress, Bärbel (2020): Praxishandbuch Aufstellungsarbeit. Grundlagen, Methodik und Anwendungsgebiete

Staub-Bernasconi, Silvia (2007): Soziale Arbeit als Handlungswissenschaft. Bern, Stuttgart, Wien

Straub, Jürgen (2018): Identität, in: Kopp, Johannes; Steinbach, Anja (Hrsg.): Grundbegriffe der Soziologie. Wiesbaden. S. 175-180

Thiersch, Hans (1993): Strukturierte Offenheit. Zur Methodenfrage einer lebensweltorientierten Sozialen Arbeit. in: Rauschenbach, Thomas.; Ortmann, Friedrich; Karsten, Maria -E. (Hrsg.): Der sozialpädagogische Blick. Lebensweltorientierte Methoden in der Sozialen Arbeit. Weinheim/München, S. 11-28

Wieland, Norbert (2019): Professionelle Identitätsarbeit bei geflüchteten Jugendlichen, in: Jansen, Irma; Zander, Margherita (Hrsg.): Unterstützung von geflüchteten Menschen über die Lebensspanne. Ressourcenorientierung, Resilienzförderung, Biografiearbeit. Weinheim, Basel, S. 178-206

Wiesinger, Irmela (2018): Integration und Identitätsbildung junger Geflüchteter in der Jugendhilfe. Ein Drahtseilakt ohne Sicherung. Aufsatz, Heft 10

Winker, G. & Degele, N. (2009). Intersektionalität. Zur Analyse sozialer Ungleichheiten. Bielefeld

Woldu, Samson; Thimm, Muriel; Mrad, Tamara (2020): (Alltags-) Rassismus begegnen. Methodenkatalog zur antirassistischen Bildungsarbeit, online: https://vielfalt-im-shk.de/wp-content/uploads/2020/02/Methodenkatalog-mit-SA.pdf

Yildiz, M. (2016): Hybride Alltagswelten. Lebensstrategien und Diskriminierungserfahrungen Jugendlicher der 2. und 3. Generation aus Migrationsfamilien. Bielefeld

Zu den Autor*innen

Gadir Choumar, Jg. 1995, M.A., ist als Sozialarbeiterin im Jugendamt der Stadt Langenhagen tätig. Sie hat zwei Jahre an dem Forschungsprojekt „JuFlu – Übergänge junger begleiteter und unbegleiteter geflüchteter Menschen" an der HAWK Hildesheim als wissenschaftliche Mitarbeiterin mitgearbeitet.

Jelena Seeberg, Jg. 1995, hat Soziale Arbeit im internationalen und interkulturellen Kontext an der HAWK Hildesheim studiert. Parallel zum Master war sie dort als wissenschaftliche Mitarbeiterin im Forschungsprojekt „JuFlu – Übergänge junger begleiteter und unbegleiteter geflüchteter Menschen" tätig. Heute arbeitet sie im Projekt „ELSA VG – Erfahrungen und Lebenslagen ungewollt schwangerer Frauen" an der HS Nordhausen.

Hannah von Grönheim, Dr. phil., Jg. 1983, Dipl. Soz.Arb./Soz.Päd. (FH), MA Intercultural Conflict Management, ist Lehrkraft für besondere Aufgaben an der HAWK Hildesheim und promovierte zu Subjektivierungen im europäischen Asyldiskurs. Ihre Lehrschwerpunkte in den Studiengängen Sozialer Arbeit liegen in den Bereichen Diversity und Menschenrechte. Darüber hinaus arbeitet sie als Sozialarbeiterin und Psychoonkologin in der ambulanten Krebsberatung.

Christa Paulini, Prof. Dr. phil. Jg. 1953, Diplom-Pädagogin (Uni.), Diplom-Sozialpädagogin (FH) ist Professorin für Geschichte, Theorie und Praxis der Sozialen Arbeit an der HAWK Hildesheim. Sie promovierte über die Geschichte der Frauenberufsverbände in der Sozialen Arbeit. Ihre Arbeitsschwerpunkte sind die geschichtliche Entwicklung in der Sozialen Arbeit sowie die Arbeit mit Kindern, Jugendlichen und deren Familien; inkl. unbegleitete und begleitete minderjährige Geflüchtete.